UNE VIE DE FEMME EN 1900
ANTOINETTE

Du même auteur

Dix ans d'écriture - ouvrage collectif.
Atelier d'écriture T.A. Rhône-Alpes, 1993.

Diffusion : De Borée, 35 rue des Frères-Lumière, Z.I. le Brézet 63100 Clermont-Ferrand
Dépot légal : 1er trimestre 2003
Achevé d'imprimer dans l'U.E. en mars 2003
ISBN : 2-84494-167-2

René Proriol

UNE VIE DE FEMME EN 1900

ANTOINETTE

De Borée
Terre de poche

I

JE SUIS NÉE À LA ROUVIÈRE, commune de Chassiers, arrondissement de Largentière, Ardèche, le 24 mai 1880. Ma mère était paysanne et mon père maquignon. La Rouvière est un hameau de onze feux, bâti sur le dos d'une colline. Au-dessus, on trouve le village de Joux et, de l'autre côté du mont Courbier, le bourg de Rocher. En dessous, après les cultures en *faysses**, les *dégonles* de genêts et de châtaigniers qui

*Pour les mots en italique, voir le glossaire à la fin du livre.

dévalent vers La Lande, puis la forêt de Voguë et Aubenas.

Ma mère avait douze chèvres. Il me fallut vite apprendre à les garder dans les sous-bois et les prés. Ces animaux, avec leurs pupilles rectangulaires et leurs cornes, ont quelque chose du diable. La chèvre adore grimper partout, arbres ou rochers. Dans une côte assez abrupte, elle vous distance très rapidement. Elle est *penable*, elle vous donne de la peine, quoi, et lorsque vous la rappelez parce qu'elle s'éloigne trop, elle lève la tête et vous regarde de ses yeux marron, comme si vous n'existiez pas. Elle ne craint que les coups de trique, et elle s'arrange, bien sûr, pour les éviter.

Il me reste, de ma première journée de garde seule, un souvenir épouvantable. Auparavant, j'avais souvent accompagné ma mère, et tout semblait facile. Lorsqu'une bête disparaissait, elle la rappelait doucement en faisant rouler sa langue dans sa bouche, « Rouou, rouou », et la chèvre, docile, revenait vers elle recevoir une caresse sur son échine osseuse. Ma mère se levait de temps en temps, la trique à la main, pour faire descendre d'un arbre une bête trop désobéissante. Sa garde lui laissait bien du temps libre, qu'elle mettait à profit pour tricoter. Elle alignait les rangs de mailles à toute vitesse, et c'était un vrai plaisir de voir ses doigts manier les aiguilles de métal, sans les regarder. Elle confectionnait des chaussettes en laine de pays, toute rêche, qu'un démarcheur ambulant, un *marcelot*, passait chercher tous les mois. Il amenait les écheveaux et remmenait les chaussettes. Il apportait parfois un peu d'argent.

Les chèvres s'éloignaient peu, donc. Elles obéissaient à la voix de ma mère qui montait ses rangs de mailles et surveillait mes doigts, encore bien peu habiles à tenir les aiguilles d'acier. Je l'admirais. Sans avoir besoin de lever la tête, elle sentait qu'une de ses chèvres s'éloignait. Un petit appel et tout rentrait dans l'ordre :

« C'est très simple, tu as compris, Antoinette ? »

Oui, j'avais compris. Tout paraissait facile et, avec ma mère, à six ans, je n'avais pas de crainte.

Un matin donc, je partis seule avec mes douze chèvres, mon casse-croûte de midi, ma laine et mes aiguilles. Dans le chemin creux, entre deux murets de pierres sèches, tout alla bien. Mais j'avais à peine perdu de vue la dernière maison du hameau que la Blanche, une jeune chèvre à l'œil vert, escalada le muret de gauche. Elle s'arrêta pour grignoter une feuille de noisetier et, en me faisant un petit signe de tête, sauta de l'autre côté. Je restai un instant pétrifiée : avec ma mère, ça n'était jamais arrivé. J'entrepris alors d'escalader les pierres à mon tour ; mais mon bâton m'encombrait, la musette me battait le dos et menaçait, à chaque effort, de me tomber sur le ventre. La Blanche m'attendait de l'autre côté du mur, dans un pré en dévers assez pentu. Je l'appelai doucement. Elle ne leva même pas la tête. Elle broutait des chardons violets. Je commençai à essayer de descendre vers elle, mais le muret était aussi haut que moi et j'avais peur de sauter, d'autant qu'il y avait des buissons et des orties en dessous. J'avais peur aussi de l'effrayer. Je réussis cependant, avec beaucoup de précautions, à poser un pied sur le sol et, naturellement, au moment où j'allais l'attraper, elle fit un petit bond de côté. Je me rapprochai encore, elle s'éloigna d'une dizaine de mètres. Je m'arrêtai pour réfléchir. Je déposai mon barda, quittai ma pèlerine bleu délavé, posai également mon bâton et descendis vers la chèvre, qui me guettait de ses petits yeux méchants.

Elle me laissa approcher un peu, puis repartit vers le haut du pré. Pas encore découragée, je remontai en courant. J'étais essoufflée et j'avais les jambes déjà fatiguées. Je me mis à crier très fort et la chèvre, effrayée, sauta par-dessus le muret et disparut dans le chemin. Je repris mes affaires et remontai sur les pierres sèches pour contempler un vrai désastre : plus une seule chèvre. Elles avaient disparu. J'étais abasourdie. Je restai un instant immobile, puis je me mis à pleurer. J'avais perdu les chèvres de ma mère, c'était affreux. Qu'est-ce que nous allions devenir ? Je ne pensai même pas aux taloches que j'allais recevoir. Je voyais ma famille ruinée, mes parents obligés de quitter la maison, mon père forcé de s'embaucher en ville, ma mère et moi en train de mendier à Largentière, la honte sur nous. Et les gens me montreraient du doigt en chuchotant entre eux : « C'est la petite Véron, vous savez, celle qui a perdu les bêtes de sa mère. »

Car douze chèvres, c'était une fortune à l'époque. À La Rouvière, on en comptait une centaine pour onze maisons. Mes parents étaient presque des gros propriétaires. J'allais retourner chez ma mère, m'attendant au pire, quand je croisai le vieux Marcellin qui fourrait l'herbe du talus dans un sac, pour ses bêtes.

« J'ai vu passer tes chèvres, petite, elles ne sont pas bien loin. »

Je repris courage et partis en direction de la pâture habituelle. J'y trouvai mes douze bestioles tranquillement occupées à brouter l'herbe du printemps et les feuilles des taillis. Je m'installai sur ma pèlerine soigneusement pliée en deux pour ne pas prendre l'humidité et sortis mon tricot. Un coup d'œil sur le pré : elles étaient toutes là. Je ne savais pas compter, je n'étais pas encore allée à l'école, mais on en avait ouvert une à La Davalade, et je savais qu'il me faudrait y aller bientôt. Mon père, lui, savait lire et écrire, compter aussi. Ma mère connaissait l'almanach, celui du Double Milan, que son *marcelot* lui vendait chaque mois d'octobre, et qui donnait les positions de la lune, si importantes pour repiquer les salades, et surtout les dates des foires et marchés du département.

Je ne savais donc pas encore mes chiffres, mais, allez savoir comment, je sentais que mes douze chèvres étaient là. J'avais la mémoire des yeux des gens de la campagne, qui connaissent un nombre sans avoir besoin de l'écrire. Je pris mon tricot. C'était une écharpe que ma mère m'avait montée avec les tombées de laine de ses chaussettes. Si ma mère tricotait vite et bien, moi j'avais beaucoup de difficultés à tenir mes deux aiguilles et, sans arrêt, des mailles m'échappaient. Je tirais la langue avec application pour les reprendre. Ce n'était pas facile. Toute à mon ouvrage, j'avais oublié mes chèvres. Lorsque je relevai la tête, il m'en manquait au moins trois, dont la Blanche, cette « garce », qui avait encore disparu. Je les appelai très fort :

« Temté, méné, méné, ménén. Rom, rom, rom ! »

Naturellement, rien ne se passa. Je me sentais découragée. En prononçant ces mots, ma mère obtenait tout ce qu'elle voulait, et moi, rien. Pourtant, si on m'avait confié ces chèvres, c'est que j'étais une grande fille, on me l'avait dit. Mais parfois, je n'en étais pas tout à fait sûre.

J'aurais aimé me sentir de temps en temps toute petite pour me blottir dans les bras de ma mère ou me frotter à la moustache de mon père. Mais lorsque je tiraillais un peu trop longtemps ses jupes, d'une paire de claques ma mère me faisait comprendre qu'il ne fallait pas exagérer. L'important, c'était le respect. Mon père se serait montré plus patient et plus tendre avec moi, je crois, mais comme il n'était pas souvent à la maison…

Je courus aux quatre coins du pré : rien. Je fis le tour des buissons en m'égosillant : « Méné, méné, menén ! » Rien à faire. Ces mauvaises bêtes avaient disparu. La peur me prit. J'essayai de rassembler les autres, elles ne m'obéissaient pas et continuaient de brouter en me regardant d'un œil tout vide. Elles remuaient la mâchoire en agitant leur barbiche. Je quittai alors le pré pour entrer dans un sous-bois au sol couvert des feuilles de l'automne dernier. Rien. Je criai, j'appelai de toutes mes forces. Je me mis à pleurer et j'avais sans doute le visage tout barbouillé de larmes et de terre. Je revins dans le pré. Les chèvres étaient là. Non, pas toutes. Il manquait la Blanche, encore elle. Elle me ferait damner cette satanée bestiole. Une vraie *carogna* .

Je vis soudain remuer les branches d'un arbre, près du muret. Je compris qu'elle était dedans, en train d'avaler les feuilles neuves et les bourgeons dégoulinant de sève. J'arrivai doucement avec mon bâton. Quand elle me vit, il était trop tard. Elle ne put éviter le coup de gourdin que je lui donnai sur l'échine. Ce ne fut pas bien fort, mais j'y avais mis tout mon coeur. Elle poussa un « méé » de douleur, sauta de l'arbuste et, en balançant ses mamelles roses entre ses pattes de derrière, rejoignit les autres. Je repris mon tricot.

Je relevai la tête. Ces bestioles avaient décidé de me faire enrager : il en manquait de nouveau. Toute la matinée, je courus du pré au mur, du mur au sous-bois, du sous-bois à la haie de prunelles, criant, tapant, galopant de toutes mes jambes. Ah ! Je ne vis pas passer le temps. Mon ouvrage était abandonné sur ma pèlerine. Les mailles avaient glissé des aiguilles et l'une des sales bêtes, profitant de mes absences, avait même mangé une partie de la pelote de laine.

Quand le soleil me parut au milieu du ciel, je sortis mon *chèvreton* et mon quignon de pain mouillé d'huile d'olive, et j'avalai l'un et l'autre rapidement. L'exercice m'avait donné faim. Les chèvres s'étaient regroupées à l'ombre, non loin de moi. Je connus quelques instants de répit. Je crus que j'avais gagné la partie.

L'après-midi fut un calvaire. Elles étaient complètement folles, à croire que le soleil de mai leur donnait les vers. Elles galopaient partout, certaines se battaient en faisant sonner leurs cornes. Elles disparaissaient dans le sous-bois, revenaient par la haie opposée, escaladaient la murette, couraient dans tous les sens. Je mis tout mon courage à les rassembler. Je distribuai les coups de bâton à tour de bras. Souvent, ça ne servait à rien, car je ratais ma cible. Seules les deux vieilles mères avec leurs chevreaux restaient un peu tranquilles. En fin d'après-midi, épuisée, je m'allongeai sur ma pèlerine et m'endormis. Je ne sais pas si je rêvai de chèvres dociles et bien obéissantes, mais à mon réveil, le soleil avait disparu derrière la colline de Joux, et mes chèvres avec lui. J'étais complètement désespérée, je me mis à pleurer comme une Madeleine et, ma musette à la main, je repris le chemin de la maison ; j'avais perdu toutes mes chèvres, nous étions ruinés, c'était terrible. Je songeai un instant à me sauver dans la campagne pour mourir au fond d'un bois de châtaigniers, dévorée par les loups.

Enfin j'arrivai à la maison, toute décomposée. La nuit tombait. Je rentrai dans la cour, montai l'escalier extérieur aux marches escarpées. La lampe à pétrole tremblotait derrière la fenêtre de la cuisine. Je m'adossai au mur et mes sanglots devinrent plus forts. Je n'osais pas rentrer et j'attendais que ma mère vienne m'administrer la punition que j'avais méritée, je le savais bien. La porte s'ouvrit, ma mère me saisit par les épaules, rudement, me fit descendre l'escalier en me soulevant à chaque pas et me projeta dans l'écurie, en dessous.

« Regarde, elles sont là, tes chèvres. Pas si bêtes que toi, elles sont rentrées toutes seules ! »

Et comme je continuais à pleurer, rassurée pour les chèvres, mais toute énervée de fatigue, je reçus une paire de gifles magistrale, tandis que sa main rugueuse me pétrissait le bras en me faisant remonter l'escalier. Heureusement, les jours d'après furent moins terribles. Les chèvres apprirent à me connaître, et moi, à leur parler. Nous devînmes même très amies.

L'étape suivante de mon apprentissage était la traite, et ce ne fut pas une mince affaire non plus. Traire une vache — j'appris à le faire plus tard —, c'est enfantin. La vache est un animal placide qui, généralement, se laisse faire sans protester. Elle est même plutôt soulagée quand, en fin de journée, les mamelles gonflées lui font mal. De temps en temps, elle vous allonge un coup de pied, qui fait valser la *seille* et vous envoie les quatre fers en l'air, dans le fumier. Mais ça n'est jamais par méchanceté, c'est que vous lui avez fait mal, ou qu'une mouche l'a piquée.

Mais traire une chèvre est un travail de Romain. Il faut non pas se mettre de côté, mais venir par derrière, le cul mal équilibré sur le trépied que l'on penche en avant. On est donc tout près de tomber, chaque main tenant une mamelle de la bestiole, qui rue et cherche à se sauver. L'installation est déjà très difficile : le seau d'une main, le tabouret de l'autre, essayez d'attraper la bête ! Évidemment, une chèvre sent tout de suite que vous n'avez pas d'expérience. Et cela augmente son envie de vous en faire voir de toutes les couleurs.

Le plus délicat est d'éviter que les crottes ne tombent dans le seau. En effet, quand on tient les mamelles et qu'on est en position, la mauvaise fait exprès de vous lâcher trois ou quatre petites boules, bien serrées et brillantes comme du cuir, qui dégringolent dans le seau. On peut jeter le lait et recommencer. Il faut donc coincer la queue sur le « trou de balle » et presser bien fort avec le front. L'odeur n'est pas très agréable, mais on s'y fait.

Ma mère, à cette besogne, était de première force et, en une heure de temps, elle avait trait toutes ses bêtes, du moins celles à qui on n'avait pas laissé leur chevreau. Ceux-ci naissaient au mois d'avril environ. On les vendait au bout de trois semaines à un boucher d'Aubenas qui passait avec sa carriole et, bon an mal an, on en gardait deux pour renouveler le cheptel. J'aimais les chevreaux. Ils étaient si mignons et leurs poils si doux ! Je les prenais dans mes bras avec bien du plaisir, et ils avaient l'air si maladroits sur leurs petites jambes fines comme du verre, quand ils venaient de naître !

Je passai donc le printemps et l'été à garder les chèvres. Le métier fut rude à rentrer, mais je pris vite de l'assurance. En octobre, quand les froids arrivèrent, j'étais devenue une gardeuse et une tricoteuse de première, et je savais traire. Mes doigts ne tremblaient plus en tenant les minces aiguilles d'acier. J'achevai même, à ce moment-là, ma première paire de chaussettes, et je ne fus pas peu fière quand ma mère la vendit au *marcelot*, avec le paquet des siennes, pour six sous. Bien sûr, je ne vis jamais la couleur de cet argent. À six ans et demi, je devais, avec mes faibles forces, participer à l'entretien de la maison.

Ce fut le temps, également, de mes premières amitiés. Je me liai, au cours de cet été 1886, avec Anaïs Rancher, qui avait deux ans de plus que moi, et Victor Lacoste, mon *classard*. Nous allions souvent *garder* ensemble, nous nous tenions compagnie. Anaïs nous racontait des histoires terribles de brigands qui chauffaient les pieds de leurs victimes sur l'âtre pour leur faire avouer où était caché leur magot, de cette fameuse auberge, à Peyrebeille, où le valet, un noir affreux nommé Rochette, assassinait les voyageurs avec un énorme gourdin, au détour de l'escalier. On les disait ensuite disparus dans les tourmentes de neige du plateau ardéchois. Mon mari m'apprit, bien plus tard, qu'il avait connu, lors de son service militaire, un parent des propriétaires de l'auberge, qui avaient été exécutés sur l'échafaud. Ces histoires me faisaient faire des cauchemars, et comme je rêvais dessus, ça les rendait encore plus terrifiantes. J'aimais bien Anaïs, qui était gentille, même si c'est elle qui nous commandait. Victor était simple, mais avec un canif donné par son oncle, il taillait des bâtons merveilleux et il en gravait l'écorce. C'était magnifique.

Un jour, en plein été, alors que le soleil tapait très fort et que la campagne était toute sèche, un incendie éclata dans les combes de Courna, juste en dessous de La Rouvière. On sut plus tard que c'était un jeune berger de la Terrisse, qui avait volé des allumettes à ses parents, qui en était le responsable. Il avait tenté d'éteindre les premières flammèches : il n'avait réussi qu'à se brûler les bras. Il s'était sauvé en donnant l'alerte, mais la végétation était si grillée par le soleil que l'incendie avait rapidement tout envahi. De plus, une bonne petite bise soufflait ce jour-là, ce qui n'arrangea rien. D'abord, on ne s'inquiéta pas trop au village. Le vent chassait les flammes vers le bas du ravin, et on pensait que tout s'arrêterait à la route de Chazeaux qui serpentait dans la vallée. Mais, *ouaïte* ! Le feu n'obéit à personne. Tout le monde était allé le contempler de la route du Mas Fayssier, les enfants les premiers bien sûr. Un vrai spectacle ! La fumée noire sentait bon et, près du sol, on voyait parfois des flammes se tortiller. De temps en temps, un craquement nous parvenait : c'était un pin dont l'écorce éclatait sous la chaleur. On était là, fascinés. Les yeux écarquillés, je regardais. C'était mieux, cent fois mieux que les grosses bûches de l'âtre où cuisaient les châtaignes. Les parents nous disaient de ne pas rester là, mais c'était plus fort que nous.

Le vent, à présent, s'était mis à tourbillonner et, tout à coup, Marcel Roche de Joux apparut sur le chemin en gesticulant :

« Sauvez-vous, sauvez-vous, le feu est là. Il remonte. »

On ne voyait rien qu'un gros nuage de fumée noire dans le ciel. « Fila ma d'aqui, nom di Diou ! » et il se mit à nous retourner des paires de taloches et à distribuer des coups de pied au cul. En tournant bride de toute la vitesse de nos petites jambes (on était quatre enfants), on eut le temps d'apercevoir des flammes plus hautes que des maisons, qui surgissaient au-dessus du Mas Fayssier et qui descendaient droit sur nous. D'un seul coup, un grand souffle d'air chaud nous suffoqua. Je me mis à pleurer parce que j'avais trébuché. Je me voyais brûlée vive et j'imaginais déjà la morsure du feu sur ma peau. Je me sentis soulevée de terre et je crus ma dernière heure arrivée. C'était simplement Marcel Roche qui m'avait saisie sous son bras et qui m'emportait comme un vulgaire paquet. On se retrouva tous au croisement du chemin de Notre-Dame de Bonne Rencontre. La chapelle était ouverte et plusieurs vieilles femmes y récitaient des chapelets, sous la direction de la *béate*. Il y avait aussi ma mémé Teston. On nous gronda, on nous fit asseoir sur les prie-Dieu en bois, tout pleins de trous de bostryches (chez nous, c'est le bostryche qui fait des trous dans le bois).

Pendant ce temps, tous les hommes s'étaient attelés à l'ouvrage. Ça menaçait sérieusement sur Joux et La Rouvière. Ils débroussaillèrent une large bande de terrain, tout autour des deux villages. On alluma un contre-feu et, le soir, tout était terminé. Mais on avait eu chaud, c'est le cas de le dire. Le lendemain, on alla voir la terre brûlée. C'était vilain et ça donnait envie de vomir. Tout était noir. Le sol n'avait plus d'herbe, on voyait les cailloux et la terre à nu. Les genêts, les pins étaient devenus des squelettes charbonneux. Les châtaigniers avaient éclaté et leurs troncs faisaient pitié à voir. Quelle désolation !

C'est vers mes six ans aussi que mes parents me firent cadeau d'un petit frère. Enfin, ils ne choisirent pas. Je sus, plus tard, que ma mère avait perdu un fils avant moi. Après ma naissance, elle fit deux fausses couches. Étaient-elles provoquées ? Je ne sais pas. Les femmes disposaient de quelques moyens pas très catholiques pour se libérer d'enfants qu'elles ne voulaient pas. Ça marchait assez bien, mais il y avait des risques, enfin, pas beaucoup plus que de devenir tuberculeux ou de mourir d'une mauvaise grippe.

Un frère de mon père était mort à dix-huit ans d'un chaud et froid. Il revenait de faucher, c'était en juin, il avait chaud. Quelques grandes lampées d'eau eurent raison de lui. Je pense plutôt qu'il se trempa carrément dans un réservoir, et il dut mourir d'une attaque foudroyante. On disait alors que le froid lui avait caillé le sang. Naturellement, cet exemple permettait aux parents de nous interdire de boire frais quand nous avions très soif, en été. Toutes les interdictions s'appuyaient sur un exemple tout proche. Le fils Untel était mort de ceci, la fille Untel s'était cassé la jambe en revenant du bal, la mère Machin avait attrapé telle maladie parce que… Il y avait toujours une excellente raison. C'était la morale de la vie, et nos parents pensaient qu'ainsi nous marcherions droit.

Pour en revenir aux enfants, aux femmes et à leurs remèdes, le plus employé chez nous était l'eau de l'herbe de la rue. Mon père était un fanatique de ce médicament qu'il préparait lui-même. Un buisson de rue poussait dans notre jardin. La feuille ressemble à celle de l'olivier, mais plus petite et pas vernissée. L'odeur est assez forte et agréable. Mon père la ramassait en juillet et il en faisait macérer deux cents brins dans 1 litre d'eau de vie à 90 degrés pendant quarante-cinq jours. Fin août, la préparation était efficace. On s'en servait pour tout, mais uniquement en usage externe. C'était merveilleux. Vous vous cognez la jambe contre un meuble : herbe de la rue. Vous avez mal aux dents : frictionnez la gencive avec l'eau de l'herbe de la rue. Vous avez l'estomac lourd, appliquez un chiffon humecté d'eau d'herbe de la rue à la ceinture, etc. etc. Sur une plaie, c'était efficace aussi : l'alcool désinfectait, mais ça piquait dur. Je crois que cette médication était un peu semblable à l'arnica, elle décongestionnait.

Les femmes en faisaient un tout autre usage, interne celui-là. Un petit verre dilué et sucré pendant trois jours — le goût était épouvantable et l'alcool vraiment trop fort — vous faisait passer un enfant comme une lettre à la poste. Quand les périodes avaient trop de retard, l'herbe vous déclenchait une belle hémorragie qui vous débarrassait prestement du sournois. Il fallait, bien sûr, qu'il n'ait pas les petits pieds trop grands. En tout cas, la bouteille trônait sur le rebord de la haute cheminée et, d'aussi loin que je me souvienne, mon père et ma mère en gardaient toujours une d'avance.

Vital naquit en octobre 1886. Voilà pourquoi ma mère m'avait envoyée garder les chèvres. J'avais bien remarqué qu'elle avait un gros ventre, surtout à partir du mois de juillet. Avant, les nombreux jupons cachaient tout. Je posai des questions non pas à ma mère, qui m'aurait répondu d'une paire de calottes, mais à Anaïs, qui était déjà très au courant. Je crois qu'elle ne se gênait pas pour écouter les conversations de ses parents, le soir, tout en faisant semblant de dormir. C'est comme ça que je sus que, pour les femmes, c'était comme pour les chèvres.

Vital était un garçon geignard et minuscule. Le lendemain de sa naissance, ma mère était dans son lit, les traits un peu tirés, mon père, qui ne s'était pas absenté depuis quinze jours, à côté d'elle. Elle tenait dans ses bras un paquet de *pétassous* d'où sortaient des cris et des gémissements. Quand je m'approchai avec Anaïs — la veille, on m'avait envoyée coucher chez elle —, je vis un petit visage fripé, rose, les yeux fermés, la bouche ouverte et qui braillait. Je fus très impressionnée. J'étais aussi vaguement inquiète. Anaïs, qui avait deux sœurs et un frère plus jeunes qu'elle, m'avait prévenue qu'à présent, tout serait pour le bébé. Plus question de m'accrocher aux jupes de ma mère, ni de me faire dorloter, ce qui était déjà rare. Pourtant, j'étais fière aussi, car je considérais que c'était un peu mon enfant. Je disais : « mon bébé » en parlant de lui. Je compris très vite, au cours de l'hiver suivant, qu'un bébé, c'est peut-être très *poulit*, mais que c'est une source d'ennuis, pour les grandes sœurs en tout cas. J'appris à m'occuper de lui, à lui donner un coin de torchon trempé dans du lait pour le faire tenir tranquille. Il me fallut le porter, mais surtout je dus remplacer ma mère dans une partie des tâches domestiques qu'elle accomplissait avant. Je me demandais parfois pourquoi ma mère n'avait pas utilisé l'herbe de la rue.

La maison où nous vivions était assez simple et tout à fait comme les fermes de la basse Ardèche, mais en plus petit. Elle était située à l'entrée du hameau et on y accédait du chemin par un grand portail de bois à deux battants. Il y avait une cour de terre, pas très grande, sur laquelle s'ouvraient la porte de l'écurie des chèvres, toute noire, éclairée par un soupirail couvert de toiles d'araignées, et la porte de la cave, où l'on remisait les barriques de vin, la provision de châtaignes, et où pendait un garde-manger. C'était une petite caisse de bois grillagée où ma mère faisait sécher ses *chèvretons.*

Dans le coin droit de la cour, un escalier en pierre, assez raide, montait le long du mur jusqu'à la terrasse, bordée d'une balustrade en bois. Sur le linteau en pierre de la porte, on pouvait lire « 1847 ». La cuisine donnait sur cette terrasse, ainsi que la fenêtre de l'évier. La cuisine était la pièce la plus importante. Elle occupait tout le devant de l'étage, sauf un petit appentis, sous le toit à gauche, qui servait de grenier à foin. Elle était assez claire, car il fait souvent très beau à La Rouvière, et la fenêtre n'avait pas de rideau. L'évier, une grande pierre creusée, était sous la fenêtre. Dessous, on mettait le seau d'eau qu'on allait tirer au puits du village ou dans la cour, au robinet de la citerne qui recueillait l'eau du toit. Sur le mur de droite, il y avait le grand manteau de la cheminée, avec l'âtre tout noir de suie, d'où pendaient une crémaillère et *l'oule*, la grosse marmite de fonte au ventre rebondi ; sur le mur d'en face, un vieux buffet où ma mère rangeait sa vaisselle et ses provisions, surtout du café et le sac de sucre ; au centre, la table, énorme, aux pieds massifs, pleine de taches, où les mouches venaient pomper les restes des repas et, de chaque côté de sa grande longueur, un banc de bois.

En face de l'entrée, contre le mur du fond, on avait mis une horloge à balancier, que ma mère considérait comme une de ses principales richesses, et dont mon père remontait soigneusement, les semaines où il était là, les poids de métal, suspendus à des ficelles. À droite de l'horloge, une porte, par un étroit couloir, conduisait à la chambre de mes parents, tout entière occupée par un vieux coffre et leur lit. À gauche, un volet, à mi-hauteur de la cloison, cachait le lit de ma grand-mère maternelle. C'est elle qui était propriétaire de la maison et qui l'avait promise à sa fille, à condition que celle-ci la loge et la nourrisse jusqu'à la fin de ses jours.

Je dormais dans le même lit qu'elle. C'était une petite bonne femme assez boulotte, qui allait vers ses cinquante ans alors et que son mari, le pauvre, avait laissée veuve et sans beaucoup d'argent, avec cinq enfants sur les bras. Elle *s'en était vu* ! Il lui avait fallu s'embaucher au moulinage de La Lande, et elle s'était mise à élever des vers à soie. Heureusement, elle avait quelques mûriers sur son terrain du Roubiou, et la soie payait assez bien. Cahin-caha, elle avait réussi à élever ses gosses. Une mauvaise bronchite en avait éliminé deux en six mois d'intervalle, ce qui, tout compte fait, lui avait facilité les choses. Elle avait travaillé quinze ans au moulinage avant de racheter à son propriétaire, un parent éloigné, la petite maison et ses quelques arpents de terre. Et elle avait continué dans la soie. Tous les printemps, elle ramassait de la feuille de mûrier pour nourrir les vers qu'elle élevait sur des tréteaux dans la cuisine et elle portait les cocons à un négociant de Rocher. Le reste du temps, elle tricotait des chaussettes, comme ma mère. Bon an mal an, elle gagnait ainsi 250 francs, et comme elle ne dépensait guère, le bruit courait, dans la famille et au village, qu'elle avait un magot caché.

Ça provoquait évidemment quelques jalousies. Ma mère, qui était la cadette, était soupçonnée par son frère aîné, Jean, et sa femme, la Lisette, ainsi que par sa sœur puînée, la Rosalie, qui était pourtant la crème des femmes, de vouloir faire main basse sur les fameux écus. Cette histoire empoisonna la vie de ma mère, qui resta toujours un peu en froid avec son frère. Avec sa sœur Rosalie, ça s'arrangea, comme on le verra plus loin.

« Les louis, les écus, ça va, ça vient ! Ni vu ni connu ! » On ne plaisante pas avec l'argent dans ces pays. La vie y est dure pour tout le monde, et le moindre sou attire plus de gens que la « merde », de mouches.

La grand-mère Marie vivait donc chez nous. Elle aidait ma mère bien sûr, en particulier à préparer les châtaignes, le plat de base de l'Ardèche à cette époque. La pomme de terre venait, mais mal, sur ces terrains trop secs. On avait un jardin où poussaient des légumes, des poireaux, des tomates, des blettes, des choux, de l'ail. Mais on mangeait surtout de la châtaigne. On la cueillait à l'automne, à grands coups de gaule sur les branches. Les hommes tapaient. Femmes et enfants écrasaient les bogues piquantes avec de gros souliers à clous. On en remplissait des paniers, puis on les triait. Presque à chaque repas, on en rôtissait dans la poêle à trous, mais auparavant il avait fallu les entailler au couteau, sinon la chaleur les faisait éclater et elles sautaient dans toute la cuisine. On en faisait aussi cuire dans du lait, c'était bon.

Il y avait encore le *chèvreton* dont j'ai déjà parlé. Ma mère trayait ses bêtes le soir et, avec ses 3 ou 4 litres de lait, fabriquait de petits fromages ronds. On les mangeait frais ou secs. On en conservait certains dans de l'huile d'olive. J'aimais leur goût fort, quand ils étaient durs et granuleux.

Nous avions aussi une petite oliveraie, quatre *faysses* sur la pente du coteau, bien exposées au sud-est, et six *faysses* de vigne, du clinton et du jacques, avec lesquels mon père fabriquait une piquette acide, mais peu alcoolisée, que je buvais mélangée à de l'eau. Enfin, merveille des merveilles, le jardin comptait trois figuiers dont la mémé Marie surveillait jalousement les fruits. C'est elle qui m'a appris à les aimer, et depuis, j'ai toujours gardé une tendresse pour la figue. Les nôtres étaient de la variété noire, bien lourdes, et quand elles éclataient, on voyait la chair rouge et les nombreux petits points jaunes qui craquaient sous la dent. Et quand on en avait oublié quelques-unes et que le soleil de septembre avait commencé à les confire, alors, même becquetées par les oiseaux, c'était d'un goût extraordinaire... Je n'en mange plus aujourd'hui, car les petits grains passent sous mon dentier, et ça me tue le plaisir. Ah ! Il ne fait pas bon vieillir !

J'ai donc dit que Vital était né en octobre 1886. Puis ce fut Romain en novembre 1887. Ils se suivaient de bien près, ces deux-là ! Je les aimais bien, mais je n'appréciais guère le travail supplémentaire qu'ils me donnaient. Je faisais tout ce que commandaient ma mère et ma grand-mère, mais je commençais à avoir mes petites idées sur tout. Ma *caboche* s'affirmait.

Je raisonnais, je discutais même parfois, je donnais mon avis. Cela se terminait souvent par des gifles et des cris, mais si je baissais la tête, c'était provisoirement. J'aurais ma revanche un jour, je le savais. Ma mère me traitait de « *carne* », de « *testa de miaule* », mais j'étais sûre de moi, persuadée au fond que je finirais par avoir raison.

Mon père, Louis Véron, était plus coulant, moins dur que ma mère. Il est vrai qu'on ne le voyait pas beaucoup à La Rouvière. Il courait les foires et les marchés de l'arrondissement, en quête de bêtes, de chèvres, mulets, parfois chevaux. Comme il avait loué une petite écurie à Largentière, il y passait la nuit de temps en temps. C'était une sorte de courtier. Il faisait se rencontrer acheteurs et vendeurs et, sans débourser un sou, qu'il n'avait pas d'ailleurs, il touchait une commission sur la vente. Son écurie était presque toujours vide. Il rêvait d'un gros paquet d'argent qui lui aurait permis d'acheter à la baisse et de vendre à la hausse, de spéculer, de s'enrichir quoi. Il racontait en détail toutes les affaires qu'il aurait pu faire et il disait à ma mère :

« Si j'avais seulement 500 francs pour commencer, tu comprends… »

Elle ne comprenait jamais.

En fait, il adorait palabrer, discutailler, s'attabler aux bistrots, boire mais pas trop, s'amuser et courir les routes. C'était un marcheur infatigable.

Il vous abattait ses 8 lieues dans l'après-midi, sans difficultés, la musette autour de l'épaule, le chapeau à larges bords de *bisengoin* sur l'œil gauche, et toujours la canne ferrée à la main et le mot pour rire. Il sillonnait la région. Je crois qu'il connaissait toutes les routes, tous les chemins, tous les raccourcis du pays, toutes les sources aussi ; et en Ardèche du Sud, c'est précieux.

Il allait donc à la recherche d'affaires, pas bien importantes, mais qui lui permettaient de ne pas être trop souvent chez lui. Ma mère n'avait pas bon caractère. Elle ne supportait pas bien la présence d'un homme à la maison, qui était toujours dans ses pattes, qui ne fichait pas grand-chose, à part un peu de culture dans le jardin et les vignes. Et puis, je l'ai déjà dit, mon père était un peu comme un papillon. Il aimait aller de-ci de-là, aborder tout un chacun, blaguer, donner un coup de main contre une soupe chaude et une botte de paille dans la grange. Il était un peu *roulottier*, mais brave comme c'est pas Dieu possible. Il n'aurait pas fait de mal à une mouche ni de tort à quelqu'un.

L'automne, avec les vendanges et les châtaignes, le retenait à la maison. Au début de l'hiver, il aidait à ramasser les olives. En février, il faisait la taille. Mais, dès la fin mars, il repartait, pour se rendre compte de l'état du « cheptel ardéchois », disait-il, et pour préparer les fructueuses affaires de l'été. Les affaires n'étaient jamais merveilleuses et, sans l'énergie et la vaillance de ma mère, nous n'aurions pas souvent mangé à notre faim. J'ai surpris plusieurs fois des regards entendus de grandes personnes et des conversations à mi-voix qui parlaient de bonnes fortunes dans les villages environnants. Ça ne m'étonne pas, car il était plutôt bel homme, mais ma mère ne m'en a jamais rien dit. La discrétion allait de soi, sur ce chapitre, surtout devant les enfants.

Ma mère, je crois, n'était pas trop portée sur la chose. Il est vrai que ses multiples activités ne lui laissaient guère le temps d'y penser. Une fillette, deux bébés, les chèvres, les poules, les chaussettes, la cuisine, le ménage, le jardin, la vigne, les oliviers, les châtaigniers l'occupaient du lever du soleil au coucher. Il lui fallait aussi faire un peu de couture et les courses indispensables à Largentière. Je l'aidais du mieux que je pouvais, la mémé Teston aussi, mais j'étais encore bien jeune et la grand-mère prenait des rhumatismes qui lui crochetaient les doigts et la pliaient en deux. La maison reposait presque entièrement sur les épaules de ma mère. Mais c'était bien comme ça. Les femmes sont plus dégourdies que les hommes.

Je garde cependant de bons souvenirs de mon père, de cette époque. Un dimanche après-midi, il m'avait emmenée à Largentière, je ne sais plus trop pourquoi et, dans un café où il avait rendez-vous avec des pratiques, il commande une bière et demande un verre d'eau pour moi. Je ne savais pas ce que c'était que la bière. Quand j'ai vu ce verre plein de buée fraîche, jaune comme le soleil et avec de la mousse qui débordait, on aurait dit de la crème, j'en ai voulu. Il s'est mis à rire et a refusé. J'ai insisté, fait ma câline, et il a fini par me dire : « Tu veux goûter, eh bien ! Vas-y ! » J'ai approché mes lèvres tout doucement de cette belle mousse qui me paraissait le paradis. Ah là là ! J'ai tout recraché tellement c'était amer. Et mon père et son client se sont mis à rire, mais à rire, en se tapant sur les cuisses, que j'en suis devenue toute rouge. Comme je faisais la tête, pour me consoler, il m'a payé un verre de sirop d'orgeat. Et je n'ai plus jamais bu de bière, même quand j'étais *bistrote* à Confolent.

Et puis, je n'ai jamais oublié cette histoire qu'il m'a racontée. Il était jeune homme encore et revenait de Chazeaux, à la nuit, au mois de février. Il n'avait pas pris le chemin qui faisait trop de lacets, mais il montait tout droit, à travers les bois de pins et de châtaigniers, par le ravin de Chaumezelle. L'hiver avait été rude, cette année-là. Il restait dans les sous-bois et les chemins creux quelques plaques de neige sale. La neige est rare chez nous, c'est la basse Ardèche. Mais certains hivers très froids, elle tombe et peut tenir une ou deux semaines. Ce soir-là, ça pinçait fort, les étoiles brillaient au ciel et, avec la demi-lune, on y voyait quasi comme en plein jour. Mon père montait donc tranquillement chez lui, à Mourier près Rocher. C'était son pays ; ma mère, elle, était de La Rouvière.

Soudain, il crut sentir quelque chose derrière lui. Il n'avait pas peur, c'était un gaillard de dix-neuf ans, bien bâti. Il étrennait ce jour-là de grosses chaussures cloutées et, à sa main droite, il portait un bon *billon* de ronces. Il se retourna et vit distinctement deux yeux brillants qui le regardaient, à 15 mètres en arrière sur la pente. C'était une bête, un chien ou un loup, impossible de se rendre compte à cette distance. Il parla à la bête, l'appela. Les yeux ne clignèrent pas, l'animal ne bougea pas. Mon père reprit sa marche, un peu inquiet, le pas légèrement plus vif. En haut d'un petit muret, il se retourna. Les yeux brillaient, toujours à la même distance derrière lui. Il saisit un caillou et le lança vers la bête. Il la manqua, mais les yeux ne bougèrent pas. Il se mit à crier en gesticulant. Rien à faire. Un chien n'aurait pas insisté comme cela. Ce devait être un loup, un des derniers loups des Cévennes, la crainte des paysans et la terreur des petits enfants. Il y en avait eu un autre aussi, autrefois, m'a-t-on dit, vers Saint-Chély de Lozère, la grosse bête du Gévaudan. Et il avait fallu des cartouches bénies par le curé de Saugues pour la tuer.

Je revois mon père, les yeux brillants, la voix mal assurée, me racontant qu'alors il avait eu vraiment peur et qu'il s'était mis à escalader la côte à grande allure, en se retournant quand même tous les dix pas et en criant comme un damné. La bête le suivait toujours. Il lui sembla même qu'elle s'était rapprochée. Il se mit alors à courir, autant qu'il le pouvait, suant et soufflant dans la nuit et le froid, faisant rouler, sous ses chaussures ferrées, les pierres et écrasant les feuilles mortes.

« Si je trébuche, elle me saute dessus », pensait-il. Et il courait, il courait. Les yeux le suivaient toujours. Quand il s'arrêtait pour souffler, la bête s'arrêtait. Il repartait, elle repartait. Ah ! Il n'en menait pas large.

Il parvint enfin au collet et aperçut, en dessous de lui, des formes sombres : les maisons de Perbost. Il se retourna une dernière fois. Il vit la bête à dix pas de lui : un loup gris éclairé par la lune, qui hésitait, puis tourna la tête et disparut dans la pente, sans un bruit. Il n'osa pas frapper aux maisons du hameau, car on aurait pu se moquer de lui. En effet, on n'avait plus vu de loups par ici depuis dix ans au moins. Mais il ne mit pas longtemps pour descendre jusqu'à Mourier, chez son père, et il verrouilla soigneusement la porte basse, cette nuit-là.

Les saisons s'écoulaient, et les années, avec les naissances et les deuils du voisinage. Chez nous, on semblait avoir renoncé aux bébés. Je trouvais que le temps passait trop lentement, ma mère n'y pensait pas, ma grand-mère le trouvait trop rapide. « Petite, me disait-elle, une vie, c'est long et c'est court. » Mais je ne pouvais pas comprendre. Moi, j'aurais voulu avoir seize ans, comme l'Augustine Ferrachat, qui venait de s'embaucher à Largentière. J'en avais assez de la tutelle de ces deux femmes, qui me rappelaient sans cesse que je n'étais qu'une enfant, alors que je travaillais, me semblait-il, comme une grande personne. J'avais envie que ça change.

II

En 1884 se produisit un événement important : on ouvrit une école publique entre La Davalade et Joux, juste en face de La Rouvière. Avant, pour ces trois villages, il n'y avait rien. Il fallait aller à Rocher ou se mettre en pension chez les bonnes sœurs du château de Vernade, à Chassiers. Les enfants de La Rouvière n'allaient guère à l'école. Ceux qu'on y mettait allaient généralement à Rocher, mais il y avait du danger sur le chemin. Il fallait faire attention. Ma mémé Teston m'avait raconté qu'un de ses cousins, Hippolyte Teston, s'était noyé dans le ruisseau des Flachères, après un gros orage, en allant à l'école à Rocher justement. En plus, ça faisait des histoires, car ce n'était pas la même commune. Avec la nouvelle école toute proche, impossible d'y échapper, d'autant que le gouvernement avait fait des lois pour ça. Les gendarmes à cheval firent le tour de tous les villages, pour rappeler aux parents que l'école primaire était laïque, gratuite et obligatoire, et que tous les enfants de sept à quatorze ans devaient y être inscrits.

Cette obligation nouvelle ne fut pas du goût de tous : certains parents utilisaient leurs enfants pour la garde des chèvres, c'était notre cas, et pour les multiples travaux de la campagne. À partir de douze ans, les garçons étaient costauds et les filles dégourdies. Quelques-uns ne firent pas inscrire leurs enfants, en prétextant qu'eux-mêmes ne savaient pas lire et que cela ne les avait pas empêchés de bien réussir dans la vie, ce qui était parfois vrai. D'autres inscrivirent les garçons mais pas les filles, ou l'inverse. Il fallut, en octobre, un ordre spécial du préfet de Privas pour que le maire fasse établir la liste des non-inscrits. Les gendarmes refirent une tournée, « individuelle et comminatoire, pour que les récalcitrants obéissent » : c'étaient les termes employés. Il fallut y aller. Mais, comme toujours, on pouvait s'arranger. La rentrée, pour les enfants de paysans, c'est-à-dire presque tout le monde, était fixée après les vendanges et la sortie au 25 mars, quand les prés reverdissaient et qu'il était temps d'y mener les bêtes.

Cela faisait cinq petits mois d'école, pendant lesquels la pauvre maîtresse essayait de nous enfourner le programme. Il s'agissait de nous apprendre à lire, écrire et compter, plus quelques notions d'hygiène domestique et de morale : le respect des parents, l'amour de la patrie avec l'Alsace-Lorraine, le goût du travail, la compassion pour les pauvres, l'honnêteté scrupuleuse, la propreté corporelle et le savon de Marseille. Les cinq mois suffisaient à peine à faire le tour de la question, et apprendre à lire ne fut pas facile pour tout le monde.

J'avais la chance d'avoir une bonne tête, j'appris vite. À la fin mars, je sus lire couramment, écrire approximativement et compter honorablement. C'est ce que dit l'institutrice à ma mère qui vint la voir à la fin de l'année, pour lui demander si je me conduisais bien et lui faire un cadeau. C'était quatre chèvretons, je crois. C'était alors une coutume courante. On faisait des cadeaux à tous les gens puissants qui pouvaient éventuellement rendre service ou, du moins, pour éviter qu'ils vous nuisent. C'était même plutôt pour ça.

« Attends tout d'un puissant, sauf le bien », disait ma mémé Teston. Mieux valait dépenser un cadeau s'il évitait un malheur. L'institutrice faisait partie des puissants : elle avait été nommée par la préfecture, elle connaissait le maire, elle savait lire, écrire et compter et, de plus, elle savait apprendre aux autres.

Le gros problème était le patois. Heureusement, ma mère savait le français. Elle lisait l'almanach, je l'ai déjà dit. Mon père aussi connaissait le français et lisait même le journal. Naturellement, je parlais patois avec mes camarades, avec la mémé Marie et, assez souvent, avec mes parents. Pourtant ma mère a toujours mis son point d'honneur à nous apprendre des mots français. En fait, je crois qu'en entrant à l'école, je parlais les deux. Cela me facilita beaucoup les choses pour lire : tout ce qui est écrit est français ; comme on parle, c'est patois. Mais il y a des exceptions, bien sûr, par exemple quand on parle avec des gens de la ville.

Notre institutrice était la fille d'un notaire de Lalevade, famille bien possédante et pratiquante. On voyait que ça l'embêtait de nous parler des immortels principes, de la République, de Danton et Robespierre. Elle se rattrapait en nous parlant de religion. Certains l'avaient vue, un dimanche à Rocher, parler au curé, très flatté, sans doute, qu'une demoiselle aussi instruite vienne s'entretenir avec lui. Elle nous prêtait des livres qu'on emportait chez nous. Je me souviens de *Francinet*, qui était tout neuf, et du *Tour de France de deux enfants*, que j'ai lu au moins deux fois. Je lisais avec plaisir, j'aimais assez les histoires, les aventures, mais mon tricotage en souffrait. Ma mère, plus d'une fois, me confisqua mes livres et, s'ils n'avaient pas appartenu à la maîtresse, je crois bien qu'elle les aurait jetés au feu. Elle se méfiait des livres et considérait que ça faisait perdre son temps, sauf l'almanach du Double Milan, bien sûr. Je crois qu'elle avait raison. J'ai très vite arrêté de lire des livres. Je me suis mise au journal. Ça donne des nouvelles du pays et des gens qu'on connaît, et puis c'est vrai au moins.

À l'école, je retrouvais tous les camarades de La Rouvière, et quelques autres aussi. Nous faisions le trajet ensemble — il n'était pas bien long — mais ça donnait lieu à de belles aventures et à de belles bagarres. On nous recommandait de rentrer vite et de ne pas nous séparer, car le soir à cinq heures, il faisait nuit, et nos parents craignaient les rôdeurs, les rouliers. Mais ça ne nous empêchait pas de jouer. Nous étions une dizaine, mais j'allais surtout avec Anaïs Rancher, dont j'ai déjà parlé, et sa sœur Louise qui avait un an de moins que moi, Victor Lacoste aussi, qui mit les cinq mois à apprendre la différence entre le d et le b, et le fils de nos voisins, Matthieu Vielfaure, qui avait neuf ans, et avec qui je me disputais souvent, car il voulait toujours commander et passait son temps à dire que nous, les filles, nous étions moins fortes et moins intelligentes que les garçons. On faisait des concours, des courses. À cloche-pied, j'étais la meilleure. Parfois on jouait à cache-cache. Victor Lacoste se dissimulait dans le tronc creux d'un châtaignier, presque toujours le même, près de la chapelle de Notre-Dame de Bonne Rencontre, et je me souviens des peurs qu'il nous faisait en bondissant tout à coup hors de sa cachette, en poussant des cris de sauvage.

En octobre, nous ramassions des prunelles, les *pialaus* comme on les appelle ici, en Haute-Loire, qui donnent envie de grincer des dents et qui râpent le gosier quand on les avale. On connaissait aussi un pommier sauvage, en dessous de Montcoquiol, qui donnait des fruits bien juteux et acides, mais on préférait, de loin, quatre petits poiriers, sur la route de Chazeaux, dont les fruits n'étaient jamais ramassés, des poires d'hiver, des *perous*, dures comme *chiquette*, dont on faisait des réserves qu'on cachait dans le creux d'un muret en ruines. Il n'y avait que nous cinq qui connaissions la cachette, et personne ne l'a jamais dite aux autres.

Nous jouions surtout au retour. Pourtant, une fois rentrés chez nous, le travail attendait : il me fallait aider ma mère à traire les chèvres, préparer les châtaignes pour le repas du soir, et veiller sur mes deux frères qui grandissaient. Vital eut quelques maladies : c'était un enfant chétif, le pauvre. Après le souper, ma mère posait mes aiguilles à tricoter sur la table, et je devais faire vingt rangs avant d'aller me coucher.

La Rouvière passait pour un village rouge. Rouge, à cette époque, signifiait radical et Clemenceau. Les hommes votaient plutôt républicain que royaliste et, à part quelques vieilles femmes, on n'allait pas beaucoup à la messe. Le curé de Rocher était pourtant un gars du pays, natif d'Uzer, monsieur Lasserre. Il parlait comme nous, vivait comme nous, sa grande soutane mise à part. Il avait le teint hâlé des paysans, les oreilles décollées, le nez un peu rouge, sec comme un coup de trique, sous sa barrette un peu cabossée. Il se désolait de voir si peu de fidèles à la messe. Pourtant il entretenait de bons rapports avec tout le monde, mais s'il essayait d'inviter quelques hommes pas trop mal pensants à entrer à l'église, on lui répondait invariablement, et avec un brave sourire :

« C'est bon pour les femmes, monsieur le curé, et puis, aujourd'hui voyez-vous, je n'ai pas bien le temps. »

Sa paroisse était dure. Le pauvre, il n'était pas bien vu par l'archiprêtre de Largentière qui, lui, bénéficiait d'une petite bourgeoisie locale, pratiquante et argentée, bien qu'il y ait la concurrence des protestants, qui avaient un temple dans une petite rue, vers la sous-préfecture. J'ai aussi entendu dire par mes parents que ses confrères ne le trouvaient pas très malin, ce curé.

J'avais été baptisée, c'était un rite quasiment obligatoire à cette époque ; mes frères aussi. Mais je n'étais jamais allée au catéchisme. Ma mère ne pratiquait pas. Elle n'avait rien contre, mais elle n'avait pas le temps. Ma grand-mère, soucieuse de ma formation religieuse, m'avait appris le minimum de prières requis chez les catholiques : *Pater, Ave*, en latin et en patois, plus le *De profundis*, car il fallait pouvoir accompagner les morts au cimetière. Elle m'avait raconté Noël, les rois mages et les bergers. Elle plaçait les riches en premier, et je crois bien qu'elle n'avait pas tort. Et puis il y avait la confession, la communion, Pâques et les Rogations et l'Ascension et Pentecôte et tout le saint-frusquin, sans oublier la Sainte Vierge. Je ne comprenais pas toujours tout ce qu'elle m'expliquait. Elle non plus d'ailleurs. Mais une religion où l'on comprendrait tout ne serait pas une bonne religion.

Par opposition à ma mère, je mettais mon point d'honneur à savoir mes prières par cœur. Toutes les histoires de Jésus me plaisaient, c'était comme des contes de fée. Des gamins du village, seul Matthieu Vielfaure pratiquait. Sa mère était même un peu bigote, et les mauvaises langues disaient qu'elle avait sans doute un sentiment pour l'homme à la soutane, le *capelan* de Rocher. Il n'y avait guère de quoi, mais enfin, comme dit l'autre, des goûts et des couleurs, on ne discute pas. Toujours est-il que nous nous moquions de lui et qu'il n'aimait pas cela.

Je me souviens d'un soir où, sortant de l'école, nous avions croisé le curé Lasserre, accompagné d'un enfant de chœur en soutane, qui revenait de chez un malade. Victor Lacoste, dont le père bouffait de la calotte *ni peu ni assez*, s'était mis à le suivre, à distance respectueuse tout de même, en remuant les bras et en criant : « Croâ, croâ, croâ ! » Matthieu Vielfaure s'était mis à pleurer, et il avait quitté notre petit groupe à toutes jambes. Nous avions bien ri, mais, un peu plus loin sur le chemin, il nous avait tenu de grands discours sur les diables de l'enfer, qui viendraient nous piquer les fesses avec leurs fourches rougeoyantes et qui nous feraient griller, comme des châtaignes, pour l'éternité. Nous ne savions pas bien ce que c'était que l'éternité, mais le mot nous avait impressionnés, et je crois bien que les grands diables noirs et poilus me firent faire quelques cauchemars.

Le pays était à moitié catholique, à moitié protestant. Les parpaillots allaient au temple à Largentière, mais surtout se faisaient enterrer dans un coin de leur propriété, au pied d'un bouquet d'arbres, avec, pour les plus à l'aise, une plaque de marbre. Enfin, la religion n'était pas mon plus gros souci, ni celui de ma mère. Ma grand-mère n'allait guère à la messe non plus, mais, comme j'ai dit, elle me faisait profiter de ses prières, puisque nous dormions dans le même lit.

L'arrivée de mes deux frères avait d'ailleurs compliqué le coucher. Depuis que ni l'un ni l'autre ne rentraient plus dans le petit berceau suspendu au-dessus du lit de mes parents, et que ma mère pouvait balancer à l'aide d'une ficelle, ils dormaient tous les deux sur une paillasse de feuilles sèches qu'on étendait dans le coin le plus sombre de la cuisine. C'est vers cette époque que la mémé Marie cessa d'élever des cocons de vers à soie car, avec les tréteaux, on ne pouvait pas dormir dans la cuisine.

Mes dernières années à l'école furent moins agréables. On nous avait changé notre institutrice. mademoiselle Fialon s'en était allée à Joyeuse. C'est un jeune homme qui l'avait remplacée, un de ces hussards de la République, comme ils les appellent dans les journaux. Il était sévère, distant avec nous, surtout les filles. Il se tenait toujours très raide, très droit, et son faux-col lui sciait le cou. Il nous faisait la leçon, et ses yeux lançaient des éclairs derrière ses lorgnons à monture de fer. C'est lui qui nous parla des immortels principes de1789. Il nous lisait de grands passages de monsieur Jules Michelet ou de monsieur Victor Hugo, qui portait le même prénom que mon *classard* Lacoste, ce qui nous faisait bien rire, et il nous les dictait ensuite à toute vitesse, et nous devions les apprendre par cœur. Je me souviens d'un qui commençait comme ça : « C'était le jeune, l'héroïque, le sublime Hoche, qui devait vivre si peu… » J'ai oublié la suite, il y a si longtemps ! En tout cas, gare à la faute, car monsieur Bertrand avait toujours à la main une grande règle de bois, qui s'abattait sur la tête ou les doigts du malheureux qui n'avait pas bien appris sa leçon. Il était terrible, monsieur Bertrand. Il me faisait peur. Il prenait parfois des colères telles qu'on l'entendait crier jusque dans les jardins de La Davalade. Les têtes se baissaient, les dos se courbaient, on aurait entendu voler une mouche dans la pièce.

Autre ennui, mon petit frère Vital avait six ans, et je devais l'emmener avec moi. Et quand je l'embêtais, il menaçait de tout raconter à ma mère. Par ailleurs, j'étais devenue le chef du groupe de La Rouvière, car Anaïs Rancher, à quatorze ans, était partie travailler chez Bourret, au moulinage de Luthe, en dessous de Rocher. Elle me manqua, je l'aimais bien. C'était une fille douce, gentille, le cœur sur la main, pas bien portée sur les études — monsieur Bertrand n'avait pas voulu la présenter au certificat — mais elle avait des doigts de fée. Elle n'avait pas son pareil pour tricoter, repriser et coudre, sauf ma mère, peut-être. Maintenant elle était grande. À la fin de sa première semaine à la fabrique, elle vint me voir, et nous discutâmes longtemps de son nouveau travail, des contremaîtres, du propriétaire, des ouvrières et de l'humidité de l'atelier. Peu à peu, ses visites s'espacèrent, et j'appris même qu'elle avait un amoureux.

Le temps commençait à me durer. Moi aussi je voulais quitter l'école, aller au moulinage, grandir quoi. D'ailleurs, je grandissais. Ma jupe devenait courte aux chevilles et étroite aux hanches. Ma mère me traitait de grande bringue, mon père trouvait que je faisais un beau brin de fille. Les seins me poussaient. J'eus mes *époques*. Ça venait tout doucement, il le fallait bien.

Comme je n'apprenais plus rien à l'école, me contentant de répéter ce que je savais de l'année précédente, ma mère, qui pensait qu'une fille n'avait pas besoin de diplôme, me retira l'année du certificat. Monsieur Bertrand vint la voir pour lui dire que je méritais de poursuivre mes études, que c'était dommage de ne pas passer l'examen. Ma mère ne voulait pas. Il aurait fallu me laisser une année de plus dans la classe de cet homme, et je n'étais plus une gamine. Moi-même, je ne rêvais que de moulinage. Au mois d'octobre 1893, je partis avec un petit baluchon, et mon père alla me présenter à monsieur Soubeyrand, le directeur du Moulinet, on disait la Fabrique, à Largentière, car à Luthe on n'embauchait pas.

III

À BIENTÔT QUATORZE ANS, je n'étais venue qu'une fois à Largentière, dont je ne connaissais qu'un café. Mon père y avait pourtant son écurie et j'en avais beaucoup entendu parler. Je m'imaginais une ville merveilleuse, où l'argent jouait un grand rôle, et dorée. Je n'ai su que plus tard que l'argent était blanc. Et puis, c'était une sous-préfecture, c'est-à-dire un des noms que j'avais appris par cœur avec la liste des départements. J'étais assez fière de venir vivre à Largentière. Pourtant le premier contact fut décevant. En descendant par Rocher, on arrive dans une gorge étroite où coule la Ligne, c'est la rivière, avec des rochers gris-noir, et peu de végétation. On se sent coincé, enfermé entre ces rocailles, presque des falaises. On passe d'abord près du bâtiment du décoconnage de la Fabrique, où l'on bassine les cocons, puis, cinq cents pas plus bas, on trouve le moulinage proprement dit et la filature. C'est une longue bâtisse grise, dont le pourtour des fenêtres est en briques rouges. Elle est parallèle à la rivière dont elle tire sa force motrice. De l'autre côté, on a construit un bief et la chute de l'eau fait tourner une grande roue à aubes qui entraîne tout un tas de poulies et de courroies.

C'est là que mon père m'amena : la filature Palluat employait alors une cinquantaine de filles de Largentière ou des villages alentour, auxquelles il fallait ajouter une vingtaine de femmes au décoconnage et quelques hommes pour les travaux de force et la direction. Les opérations sur le ver à soie sont nombreuses et compliquées. D'abord, il faut élever le ver. Les négociants donnent de la graine au début du printemps, et les grands-mères font la *couvade*, la graine bien au chaud sous leurs jupes, tout en surveillant les mûriers. Ma mémé Teston faisait ça chaque année. Il ne faut pas que le ver vienne trop vite, sinon il n'y aura pas de feuilles sur les arbres et on ne pourra pas le nourrir, ni trop tard, sinon de la feuille sera perdue. Au début d'avril généralement, les paysans commençaient à nourrir les vers, et donc à ramasser la feuille de mûrier. Il en fallait des quantités incroyables. J'avais aidé ma grand-mère à en ramasser. Heureusement, le mûrier est un des arbres les plus répandus dans ce coin de l'Ardèche. Monsieur Bertrand nous avait appris que c'était Olivier de Serres, natif de Villeneuve-de-Berg, qui les avait plantés, il y a bien longtemps.

Chaque maison a sa magnanerie qu'on installe généralement dans la cuisine : pendant un bon mois on ramasse du mûrier à tour de bras. Les chenilles avalent tout et ça fait le même bruit que la pluie, toutes ces bestioles qui mangent. Après, on les met dans la bruyère pour qu'elles fassent leur cocon. On les *encabane*. Puis au début juin, il faut surveiller tout ça, car si le papillon perce le cocon pour s'envoler, ça ne vaut plus rien. Les paysans triaient leurs cocons et les descendaient au décoconnage dans des grandes mannes d'osier. Là, on les pesait pour le prix, et on les passait à l'étuve à vapeur pour enlever le *grés*, une sorte de colle. Puis on enroulait le fil sur un dévidoir et on le faisait sécher. Des manutentionnaires l'emmenaient alors au moulinage où on le torsadait, puis au filage où on le mettait en bobines. Alors on le stockait bien au sec, et les carrioles venaient le chercher chaque fin de semaine pour l'emmener à Lyon ou dans de plus petites villes, où l'on tissait les bas de soie, qu'aucune des filles de la fabrique n'avait jamais portés d'ailleurs : c'était bien trop cher et fragile.

J'appris tout cela plus tard, car ce premier jour, monsieur Soubeyrand, qui n'avait besoin de personne au moulinage, m'envoya au décoconnage, où je devais rester six mois. Mon père avait d'abord pensé que je pourrais loger dans sa grange, mais ma mère ne voulut pas, et finalement je logeai à l'usine avec une vingtaine d'autres filles. Dans le grenier de la Fabrique, on avait aménagé un grand dortoir pour les ouvrières qui n'étaient pas de Largentière, ou qui n'avaient pas de proches pour les héberger. Nous avions une paillasse et un casier dans le mur, avec un cadenas, pour ranger nos affaires. On rentrait chez soi le samedi soir, après la journée. La semaine recommençait le lundi matin à six heures. À neuf heures, c'était la pause pour le café à la chicorée, puis à midi, chacune mangeait son petit casse-croûte, et on reprenait jusqu'à sept heures du soir. Les journées paraissaient longues en été, plus courtes en hiver, mais on ne traînait jamais beaucoup pour aller se coucher. Quelques filles descendaient se promener jusqu'à Largentière, quand les beaux jours étaient là, pour voir des connaissances ou rencontrer des garçons. Mais, en hiver, même si ça n'était pas bien loin, sortir dans le noir et le froid, c'était pour les plus courageuses ou les plus amoureuses.

On m'avait confiée à une ouvrière confirmée, Berthe Dumas, qui m'apprit tous les secrets du métier. C'était une petite boulotte de trente-quatre ans, qui travaillait à la fabrique depuis vingt ans. Elle connaissait tout le monde et n'avait pas sa langue dans sa poche. Elle avait trois enfants et son mari s'occupait de la chaudière de la filature. La chaleur à laquelle il était sans cesse exposé l'avait complètement abruti, et il buvait comme un trou. J'appris, par la suite, qu'elle avait un bon ami, contremaître à la Fabrique, Lucien Desgeorges, et que si le Marius Dumas buvait, ça n'était pas seulement pour oublier la chaleur de la chaudière. Son fils aîné de quinze ans était placé chez un paysan de Chassiers, sa seconde avait encore deux années d'école à faire avant de rejoindre sa mère, et son petit dernier de cinq ans était confié à une grand-mère. Toutes les femmes du décoconnage faisaient ainsi. On s'y amusait moins qu'à la filature. Les femmes se chamaillaient pour un oui ou un non. Il y avait des jalousies, des rivalités à propos des enfants, des histoires d'hommes surtout. À la filature, avec les jeunes, c'était beaucoup plus drôle. Ça chantait et ça riait toute la journée, mais je ne m'en aperçus que plus tard.

Je passai donc ma première journée à suivre Berthe Dumas. J'appris à placer les cocons dans les casiers de bois qu'on mettait à l'étuve, à tirer les deux fils et à les coller ensemble sur le dévidoir pour en faire un qui soit moins cassant. Il fallait du doigté. Le cocon est gros comme un poing de fillette, avec un fil qui peut mesurer plus d'un kilomètre. Il y avait tellement à faire que je ne vis pas passer les heures. Et le soir, j'étais si fatiguée que je m'endormis sans avoir mangé.

Les jours suivants, j'appris à faire des flottes de grège avec des cocons abîmés et, à la fin de la semaine, on me confia mes premiers cocons, toute seule. J'étais ouvrière à part entière, d'autant que je touchai ma première paie, une pièce de 40 sous, toute neuve et brillante, que je rapportai fièrement à ma mère, le samedi soir. Elle ne me demanda rien, elle savait déjà, par d'autres ouvrières des hameaux alentour, que je m'étais bien habituée et qu'on avait l'air content de moi, mais elle prit la pièce et ne me la rendit pas. Comme je protestais un peu pour la forme, elle me dit simplement que je lui devais les chèvretons et le pain que je mangeais à midi, et que ça n'était pas pour rien qu'elle m'avait élevée jusqu'à quatorze ans. Je ne sus que répliquer à cela. Ma situation n'avait rien d'exceptionnel. Je savais bien que tous les parents agissaient ainsi. Mais j'eus l'impression de me faire voler, et je gardai longtemps un sentiment d'injustice. Je ne dis rien, mais je me jurai bien que cela ne durerait pas jusqu'à mes vingt ans.

C'est grâce à Berthe et aux autres femmes que je fis mon éducation. Ma mère ne m'avait rien dit de la vie. Comme je grandissais, que je devenais fille, mes compagnes ouvrières eurent vite fait de me mettre au courant. Ce qui ressortait le plus souvent de leurs conseils ou de leurs confidences, c'était une grande méfiance à l'égard des hommes. C'était tous des bons à rien, buveurs, menteurs, fainéants, et qui ne pensaient qu'à embêter les filles. Pas un ne trouvait grâce à leurs yeux, et pourtant, elles ne pouvaient pas s'en passer. Elles firent *le paquet* de tous ceux que je connaissais, et je crus comprendre que mon père même, pour qui j'éprouvais alors beaucoup de respect, avait un certain nombre de défauts. J'en vis qui se poussaient du coude en rigolant.

Elles me mirent en garde contre les jolis cœurs, c'était leur mot, qui attendaient les ouvrières à la sortie, à sept heures le soir, et parfois même à midi. J'appris à me méfier d'eux, qui ne cherchaient qu'à faire ouvrir les cuisses aux filles et qui savaient si bien les abandonner, quand ils leur avaient « mis le ballon ». Plusieurs ouvrières étaient d'ailleurs filles-mères. Elles élevaient tant bien que mal un ou deux moutards et arrondissaient leurs fins de semaine en allant chasser l'homme au café du père

Olier, près du pont bas, à la sortie sud de la ville. Elles se faisaient traiter de « vieilles putes », et pourtant elles n'étaient pas bien vieilles, mais ce qui me frappait surtout, c'est qu'en dehors des mots grossiers qu'on leur appliquait, elles n'étaient pas trop mal traitées. On était sensible à leur malheur, mais surtout à leur courage. C'était parmi elles qu'on en voulait le plus aux hommes. Les régulières, de leur côté, admettaient que certains étaient vivables. Quelques-uns ne buvaient pas trop, ne les battaient que ce qu'il fallait et avaient pris, surtout, la bonne habitude de remettre leur paie à la fin de la semaine. On pardonnait tout à un homme, pourvu qu'il ramène sa paie. Mais celui qui allait la boire ou la dépenser avec les « vieilles putes » du pont bas ne valait même pas d'être jeté aux chiens. Comme disait Berthe :

« Tous les hommes courent après les jupes des femmes, et les femmes après l'argent des hommes. »

C'est vers cette époque, donc, que je compris l'importance de l'argent. En somme, tous couraient après : les femmes, les hommes, les ouvriers, les patrons, tout le monde cherchait l'argent, voulait en gagner le plus possible. Comme disait mon père, il était bien le nerf de la guerre. C'est pour l'argent que les filles allaient au pont bas. C'est pour rester responsable au décoconnage, donc gagner un peu plus, que Berthe couchait avec son Lucien. Quand elle me faisait des confidences sur ces moments-là, elle avouait que le Lucien n'était pas tellement mieux que les autres. Elle, ça ne lui faisait pas grand-chose, mais lui, il paraissait si content !

Tous ces racontars sur les hommes m'intriguaient, bien sûr. J'avais grandi encore. Je commençais à bien me tenir. Un soir de printemps, j'allais chez Berthe lui rapporter un pot de terre qu'elle m'avait prêté. Un jeune homme, moustaches et grand chapeau, m'accompagna en me débitant des sornettes. Il me laissa tranquille devant la maison des Dumas, mais j'avais été très contente qu'on fasse attention à moi.

Un soir d'avril 1894, j'allai à mon premier bal. C'était un samedi, veille de la fête votive, et deux violoneux s'étaient installés sur une estrade, place des Récollets, au pied du grand escalier qui montait au tribunal. Je ne venais que rarement à Largentière. En effet, la Fabrique est sur la route de Rocher et, le samedi soir, je remontais à La Rouvière directement, en compagnie de quelques ouvrières. Et parfois, à Luthe, je retrouvais Anaïs Rancher, si son bon ami la laissait libre.

Largentière donc est une petite ville, construite le long d'une rivière, la Ligne. Elle est presque entièrement située sur la rive droite, au pied d'une énorme bâtisse qu'on appelle le château. C'est une vieille cité, car il y a encore des fortifications, en particulier une ancienne tour qui domine le pont des Récollets, en face de la place du même nom. Les rues sont étroites et pavées, avec la rigole au milieu, pour la pluie. Tout le pays est en pente, du château à l'église, bâtie sur un rocher, en face du pont bas, et à laquelle on accède par un grand escalier aux marches très larges, en terre tassée retenue par des bandeaux de pierre. Les maisons sont serrées les unes contre les autres, et certaines sont très vieilles et en mauvais état, avec des croisées en pierre du temps d'autrefois, du Moyen Âge, aurait dit monsieur Bertrand, mon instituteur.

La rive gauche de la rivière est peu construite. Il n'y a pas la place. Seule y passe la route, qui vient de Joyeuse et qui se divise à la sortie haute de la ville : à droite vers Chassiers, à gauche vers la Fabrique et Rocher. On n'y trouve donc que le palais de justice, avec ses colonnes de temple toutes neuves, et deux auberges, dont celle du père Olier, plutôt mal famée. Il y a aussi une petite maison avec des poules et des canards qui picorent généralement dans le lit de la rivière, en été, quand l'eau est au plus bas.

Donc, j'allai à mon premier bal. Exceptionnellement, on nous avait laissé sortir à cinq heures. Au lieu de remonter tout de suite à La Rouvière, mes camarades m'avaient entraînée, en me disant qu'on ne resterait pas longtemps. Anaïs était là, bien sûr, descendue de Luthe avec son ami. L'un et l'autre me servaient de chaperon, et moi à eux, d'alibi. Je ne savais pas danser. Les violoneux devaient jouer jusqu'à sept heures et demie, puis, après le temps du repas, la fête reprendrait vers neuf heures. Il n'était pas question que j'aille danser en soirée, bien sûr. Je restais timidement dans un coin de la place, accotée à un acacia, pendant qu'Anaïs et son ami dansaient. J'avais le cœur qui battait très fort et l'impression de faire quelque chose d'un peu défendu.

Un jeune homme vint m'inviter, je n'osai pas y aller. Il insista, je remuai obstinément la tête, toute rouge. Il partit. Je fus un peu déçue. Un autre vint, yeux bleus et cheveux noirs. Sa moustache se relevait fièrement à chaque pointe. Il portait le feutre noir à larges bords et un mouchoir à carreaux rouges et blancs autour du cou. Anaïs qui passait près de moi avec son cavalier s'arrêta et me poussa en me disant : « Vas-y donc, grande gourde, c'est Julien Léotier de Joux. »

Cela fit tomber ma timidité. Je ne le connaissais pas, mais Joux est un hameau juste en face de La Rouvière, et j'avais entendu parler de la famille Léotier. Ils étaient propriétaires de leur ferme et honorablement connus. Le père était conseiller à Rocher, et le frère aîné de Julien venait de partir au service. Il avait tiré le mauvais numéro et en avait pris pour sept ans, en Cochinchine. Il verrait du pays, comme ça ! Julien me raconta tout ça en dansant, et aussi qu'il espérait tirer un an ou deux, ou carrément l'exemption. Il savait qui j'étais, Antoinette Véron de La Rouvière, et on se mit à parler du pays, des cultures, des chèvres, de la Fabrique. Il travaillait les vignes et les olives avec son père, et il avait le projet de se lancer dans l'élevage des mouches, c'est ainsi qu'on appelle les abeilles chez nous. Il ne dansait pas trop bien, je m'en rendis compte plus tard, quand il écrasa deux ou trois fois le cuir bouilli de mes galoches, mais comme je n'avais pas d'expérience alors, je crus que c'était moi qui m'étais trompée dans les pas. Je me tenais raide en face de lui. Je pense qu'il aurait bien aimé me serrer un peu plus fort contre lui, mais notre timidité à tous les deux l'en empêcha. Il m'invita encore une fois, à la danse suivante, puis m'offrit un verre de sirop à la buvette. Je le remerciai et pris congé, car si j'arrivais trop tard, j'allais me faire sonner les cloches par ma mère. Et j'avais une bonne heure de marche jusqu'à la maison. Il eut l'air un peu désappointé, mais on promit de se revoir, et je partis seule sur la route. Je ne voulais pas qu'il m'accompagne. La nuit tombait rapidement, mais j'avais ma lampe à pétrole, et j'étais si contente que le chemin me parut moins long que d'habitude.

Ma mère ne dit rien, mais me regarda d'un air curieux. Je devais être un peu dans la lune, sûrement, et, à la veillée, ma chaussette n'avança pas beaucoup. Je ne sais qui lui parla, mais le samedi suivant, quand je revins de la Fabrique, elle m'accueillit avec une monumentale paire de gifles qui me laissa sans voix, en me disant :

« Ah ! ma gueuse, que je t'y reprenne à courir les garçons au bal ! Pas plus Julien Léotier qu'un autre ! »

Je me mis à pleurer, en silence, car pour me calmer, elle aurait été capable de m'en allonger une autre paire. Mes deux frères ne dirent rien. Ils avaient conscience de la tension qui régnait à la maison. Le plus petit, Romain, qui allait sur ses sept ans, vint se nicher sur mes genoux, et ça apaisa un peu mon chagrin. Mais j'en voulais à ma mère, et ma tête de bourrique n'oublia pas de sitôt cette paire de gifles.

En mai 1894, je quittai le décoconnage et passai à la filature. J'étais une vraie fille maintenant. J'avais beaucoup grandi, je mesurais 1 mètre et 65 centimètres, et ma mère avait dû m'habiller de neuf. Elle m'avait fait demander ma journée et j'étais remontée à La Rouvière le vendredi soir, pour aller à la foire à Aubenas, le lendemain. Ma mère s'était faite élégante pour l'occasion. Elle portait une grande robe noire boutonnée jusqu'au cou, des bottines à tige montante que je ne lui connaissais pas et un grand tablier gris et noir, qui était alors l'uniforme des ouvrières ou des paysannes. Elle n'avait pas de chapeau mais le petit bonnet de dentelle blanche, sur ses cheveux en chignon de nattes. Assez grande, élancée même, elle avait belle prestance. Moi, j'avais mis mes plus beaux habits, mais ma jupe était un peu courte, et les manches de ma camisole s'arrêtaient juste après mes coudes. J'avais un grand chapeau de paille et, si je prenais l'air décidé, en fait je me trouvais peu à mon avantage, en face de ma mère.

Il était six heures du matin. On s'était levé à quatre, pour tout préparer à La Rouvière et, après avoir recommandé les petits à la mémé Teston, on se mit en route. On marcha jusqu'à La Davalade, puis on piqua vers le pont du moulin de Lande. On remonta dans le bois de Voguë jusqu'à Fons, et là, on prit le grand chemin jusqu'à Fontbellon. Ma mère parlait peu, et j'étais trop intimidée pour dire quoi que ce soit. Le souvenir de la paire de gifles était encore sur mes joues. Et puis, il y avait le respect dû aux parents ! Nous marchions d'un bon pas. De temps en temps, sur la route, nous croisions une carriole, des passants. On se disait bonjour. À Fontbellon, on s'arrêta dans une auberge pour boire un café et brosser un peu les bas de robe et les bottines que la poussière du chemin avait blanchis. Nous montâmes vers le centre d'Aubenas, qui est perché sur une colline. D'en haut, le panorama était très large. Ma mère me fit un rapide tour d'horizon. Ce qui me frappa le plus, c'est cette espèce de barre qui courait à droite et à gauche de la ville et qu'elle appelait les Gras.

Nous entrâmes en ville. C'était la foire. Ma mère commença par faire le tour de tous les étals de tissus. Elle regardait, touchait, demandait le prix, s'en allait plus loin. Je n'avais pas mon mot à dire. Je suivais. Je regardais les messieurs et les dames, et les calèches, et les charrettes, et les gendarmes à cheval, et les habits noirs brillants, et les jupes à faux-cul, — j'appris plus tard qu'on appelait ça la tournure —, et les gants de filoselle, et les manchons, et les chapeaux à fleurs. Ma mère continuait son manège, d'étal en marchand, au milieu des chalands de plus en plus nombreux. Je faillis la perdre deux ou trois fois. Enfin, sans avoir rien acheté, elle m'emmena dans une quincaillerie, la maison Vialet. Deux grandes vitrines, remplies d'objets métalliques, seaux, serpettes, faux, lames de toutes sortes, encadraient la porte d'entrée. Elle embrassa une petite femme tout de noir vêtue qu'elle appela Julie et me poussa dans ses bras. J'étais un peu éberluée, d'autant que la dame en question avait de la moustache et piquait un peu.

« Voilà la petite, dit ma mère, elle est vaillante et solide, et point trop sotte. Elle aurait pu avoir son certificat l'an dernier. » Je subis alors un examen détaillé qui eut l'air de tourner à mon avantage, sauf que la dame dit, en me regardant dans les yeux que je ne baissai pas tout de suite :

« Hum ! Elle ne serait pas un peu affrontée, par hasard ? Tu sais que les affaires sont rudes et qu'il faut être souple avec le client, à présent. »

Ma mère répondit que j'avais mon caractère (elle aurait mieux fait de dire le sien) mais que je m'habituerais, et qu'on pouvait me faire filer doux.

Je compris qu'elle essayait de me placer comme vendeuse chez cette Julie Vialet, qui se révéla la belle-sœur d'une sienne cousine, dont je n'avais jamais entendu parler. Elle était veuve et n'avait qu'un grand dadais de fils qui fit une courte apparition au fond de la boutique. Julie nous invita à prendre le café dans sa cuisine, et c'est là que j'appris tous ces détails. Enfin on se quitta, et Julie laissa entendre que rien ne pouvait se faire avant le mois d'octobre, qu'on reprendrait date à ce moment-là. Ma mère eut l'air un peu déçue. Nous retournâmes sur la place pour acheter le tissu. Elle m'expliqua alors que la Julie Vialet nous était un peu parente, qu'elle avait une bonne boutique qui marchait bien, que son fils Pétrus n'avait pas l'air d'avoir inventé la poudre et que, si j'y entrais comme vendeuse, il ne tenait qu'à moi de me retrouver patronne quelques années plus tard. Elle ajouta qu'elle préférait me voir boutiquière qu'ouvrière, et que le travail à la Fabrique était momentané. Ma mère avait des ambitions. Elle voulait que ses enfants s'élèvent, quittent la condition de petit paysan et accèdent à la bourgeoisie qu'elle enviait, et que représentait Julie Vialet, qui pouvait s'offrir une bonne, elle. Pour monter, deux moyens : le travail et l'épargne. Il fallait mettre de côté sans arrêt, rogner sur tout et travailler, travailler. Mais tout ça n'empêchait pas d'être malin aussi.

Elle parla un peu de mon père, et je compris qu'elle ne lui reprochait guère ses absences fréquentes — j'ai déjà dit qu'elle se trouvait bien d'être seule —, mais elle lui en voulait de ne pas gagner assez bien sa vie, de préférer la promenade au travail. Et pourtant, son métier aurait pu rapporter gros, mais il n'était pas assez hardi, pas assez entreprenant, trop bon pour tout dire.

« Rappelle-toi, petite, en affaires, il ne faut pas être bon. » C'est une phrase que je n'ai pas oubliée. Bien qu'elle fût dure avec moi et avec tout son monde, j'éprouvais pour ma mère une véritable admiration. C'était ce qu'on appelait une maîtresse femme. C'était elle qui faisait marcher la maison, et mon père m'apparut un peu comme la cinquième roue d'un char. Je l'aimais bien pourtant, mais il était comme la plupart des hommes, un peu faible, peu travailleur et marchand d'idées. Dans un ménage, c'est la femme qui doit porter la culotte : ma mère en était bien persuadée, et moi aussi.

Cette journée se termina fort bien. Ma mère trouva un tissu peu cher, solide et qui lui plaisait. Une couturière prit mes mesures et promit la robe pour la quinzaine suivante. Elle la mettrait dans la patache de chez Gros, qui avait le monopole des messageries jusqu'à Largentière. Il suffirait d'aller la chercher à l'auberge de la Liberté. Elle m'acheta aussi des bottines magnifiques et deux grands tabliers qui faisaient deux fois le tour de mes hanches, et que je pourrais mettre directement sur les jupons qu'elle me donnerait, lorsque j'irais travailler.

Nous mangeâmes dans une auberge, chez Masson je me souviens, pour 18 sous chacune, café compris, puis ma mère m'emmena sur une petite place, devant un magasin sans vitrine : une plaque indiquait « Caisse d'Épargne de l'Ardèche, fondée en 1857 ». Nous entrâmes. Elle alla vers un monsieur en habit, assis à une table, lui tendit un carnet et quelques écus de 5 francs. Le monsieur prit l'argent, le compta deux fois, inscrivit quelque chose sur le carnet et nous salua en nous raccompagnant à la porte. Ma mère m'expliqua que c'était ma dot qu'elle constituait là et que, quand je me marierais, je serais bien aise d'avoir un peu d'argent pour m'installer et de ne pas avoir honte, si mon futur, comme elle l'espérait, avait du bien. Elle me laissa comprendre que la maison et le terrain de La Rouvière reviendraient à mes frères, et qu'il ne fallait pas attendre grand-chose de ce côté-là.

Je pris mon nouveau travail à la Fabrique. C'était, en fait, la suite du précédent, le moulinage. Il s'agissait de tordre les fils pour les rendre plus solides. Il y avait une machine, mais c'était pénible, car il faisait très chaud. Nous étions toujours dans la buée et toujours debout. Il fallait surveiller les bobinages. De grandes courroies montaient du sous-sol en ronflant et faisaient tourner les dévidoirs. Tout était en bois, les dévidoirs, les fuseaux, les bobines, les engrenages, les bâtis. Ça faisait pas mal de bruit. Je faisais équipe avec une fille un peu renfermée, Marguerite Peloutier, originaire de Joyeuse. Je la connaissais déjà, car elle logeait au grenier de la Fabrique, comme moi. Elle avait dix-sept ans. Elle parlait très peu, à croire que la langue lui faisait mal. Elle ne me décrocha pas plus de cinq mots, la première journée. J'étais heureuse quand même de mon nouveau travail. J'aimais bien changer, et puis j'avais l'impression d'avoir appris tout ce que je pouvais des femmes du décoconnage. Et surtout, j'étais avec des jeunes comme moi.

Malgré le silence de mon équipière, l'ambiance, ici, était bien plus détendue. Il n'y avait pas de disputes incessantes. Au contraire, ça chantait à tue-tête dans tous les coins de la salle, située au premier étage de la Fabrique. Le rez-de-chaussée était réservé à la chaudière et à la machine à filer. Il y avait quelques belles voix qui entonnaient des romances à la mode. Ça parlait toujours d'amours contrariées, de galants infidèles, de filles abandonnées ou séquestrées par leur père. Je me souviens de la chanson de la mal-mariée à un tailleur de pierres, que son mari envoie à la carrière le lendemain de ses noces, et qui demande au curé de la démarier, tant elle est malheureuse. Il y avait aussi Jeanneton, dont on avait pendu l'amoureux, et qui voulait se pendre à son tour, à la même branche. Marie Perlot nous chanta un jour une romance sans fin à la gloire du général Boulanger, le brave général, qui allait sauver la France des affreux radicaux. Certaines étaient patriotiques, comme le *Violon Brisé*, qui parlait de la méchanceté des Prussiens, en Alsace occupée. Et puis, bien sûr, il y avait les complaintes qui racontaient les crimes célèbres. Une phrase me revient : « La pauvre femme s'écroula derrière la machine à coudre », sans doute parce que je n'avais jamais vu de machine à coudre, à cette époque.

Un jour, Marie Perlot, qui avait un bon ami colporteur, nous chanta un air de Lyon qui parlait des canuts qui s'en vont tout nus. Elle ne recommença pas deux fois, car le contremaître intervint, puis le directeur, pour lui interdire cette chanson.

On la menaça même de renvoi. Pas de canuts à la Fabrique ! La chanson interdite circula tout de même en cachette, et bientôt tout l'atelier la sut par cœur. Mais on ne la fredonnait qu'au dortoir ou à la sortie du travail, loin des oreilles sensibles du contremaître et du directeur.

Le temps passait. L'été touchait à sa fin. La Fabrique était mon monde maintenant, et l'école de La Davalade me paraissait bien loin. La vie à La Rouvière, que je ne retrouvais que le dimanche, me semblait toute petite. Depuis mes quatorze ans, je touchais un plus gros salaire, 95 sous par semaine. J'en donnais la moitié à ma mère pour ma nourriture de midi, chèvreton et pain à l'huile d'olive, et le reste remplissait mon bas de laine, sous le matelas de la grand-mère, à La Rouvière. Ma mère le vidait quatre fois par an pour porter les pièces à la Caisse d'Épargne à Aubenas. Je faisais ma pelote, quoi !

À l'automne 94, je retournai au bal des châtaignes, place des Récollets. J'y revis Julien Léotier qui m'annonça son départ sous les drapeaux, pour deux ans. Il avait tiré un bon numéro, tout de même ! Il partirait un an après son frère, et reviendrait quatre ans avant. Mes camarades du dortoir de la Fabrique m'avaient appris la valse, entre temps, et aussi la bourrée, le branle, la scottish, et je crois que je me débrouillais bien. Je dansai deux heures d'affilée, et j'usai cinq cavaliers. Toute en nage, je ramassai mon baluchon et pris la route de La Rouvière. Ma mère me demanda pourquoi j'étais en retard. Les yeux bien plantés dans les siens, je répondis que j'étais allée danser aux Récollets. J'étais un peu plus grande qu'elle maintenant, sa main ne s'éleva même pas. Elle détourna la tête et murmura simplement :

« Ne va pas courir les garçons, hein ! Chez nous, il n'y a jamais eu de traînées. »

Je répondis que je n'étais pas une traînée et que je savais me défendre.

« Ça va, dit-elle, n'en parlons plus. »

Je compris, ce soir-là, que ma mère vieillissait. Elle allait sur ses quarante ans. Elle était encore solide, bien sûr, mais ses épaules se voûtaient et elle avait de nombreuses rides au front. Le poids de la vie, trois enfants, une maison à diriger, les terres, un homme absent, une mère à charge l'avaient usée déjà. J'éprouvais, à la voir ainsi, un peu de pitié, mais aussi une certaine joie. Je me sentais sûre de moi, pleine de force, et l'idée de dépasser ma mère, que j'avais mise si haut, me rendait très fière. Pourtant cette victoire sur elle me gênait un peu et, ce soir-là et le lendemain, je pris en charge tout le travail de la maison, et j'eus à cœur de lui montrer qu'elle n'avait pas mis au monde une ingrate.

Mon père rentra le dimanche après-midi de sa tournée d'été. Il y avait un mois qu'on ne l'avait vu.

Toujours jovial, il me plaisanta sur ma taille fine, fit sauter en l'air ses deux fils et remit royalement à ma mère le bénéfice de sa campagne, quatre écus de 5 francs. C'était dérisoire. Ma mère prit l'argent (il n'y a pas de petits profits) et haussa les épaules. Il nous annonça triomphalement qu'il avait décidé, à présent, de s'occuper de sa famille. Il renonçait à faire l'intermédiaire ; il avait rendu son bail pour sa remise à Largentière et allait se consacrer à mettre en valeur son lopin de terre.

« On ne t'a pas attendu pour le faire ! dit ma mère, à mi-voix.

C'est vrai, tu t'en es bien occupé, répliqua-t-il, en veine de compliments. Mais une main d'homme, c'est autre chose. Tu vas voir ce que tu vas voir ! »

Et ce disant, il m'allongea une grosse claque sur les fesses. Je sursautai, interloquée. Personne encore ne m'avait fait cela. Mon père riait, j'hésitais à en faire autant, quand ma mère intervint brutalement :

« Laisse cette petite tranquille. Elle a fait sa semaine, et c'est dur. »

Elle ne put s'empêcher d'ajouter, plus bas cependant :

« Elle ramène plus de sous que toi à la maison. »

Mon père fit celui qui n'avait pas entendu, s'attabla et réclama la soupe. Je servis toute la tablée, et la fin du repas se déroula dans un silence un peu lourd. Mon père alla se coucher, prétextant une grande fatigue. La mémé Teston et ma mère commencèrent à trier les châtaignes, pendant que je mettais mes deux frères en chemise pour la nuit. Je rejoignis les deux femmes et nous travaillâmes jusqu'à ce que le pétrole fût épuisé dans le réservoir de la lampe. Ce soir-là, dans ma propre famille, j'accédai à l'âge adulte. J'étais enfin reconnue par ma grand-mère, et ma mère surtout. Je sentais entre nous trois une sorte de complicité, certainement dirigée contre les hommes, mais peut-être plus encore contre la dureté de l'époque. Je me sentais prête à une grande bataille pour la nourriture, les vêtements, l'argent, la promotion de ma famille. Je comprenais que ma mère me passait le flambeau de son ambition, et que c'était à moi d'aller plus loin qu'elle n'avait pu le faire.

Le lundi matin, elle se leva pour me préparer le café à quatre heures trente et, chose qui n'était pas arrivée depuis longtemps, elle me souhaita une bonne semaine, m'embrassa et me fit un grand sourire sur le pas de la porte. Ce sourire de ma mère me donna des ailes. Il scellait notre réconciliation. Je chantai toute la journée à la Fabrique.

Une année entière passa. La Julie Vialet n'avait pas donné de ses nouvelles. Je travaillais à présent à côté d'une machine qui avalait ensemble cinq brins qu'elle tordait toute seule, en un beau fil brillant qui s'enroulait sur des bobines coniques, que j'emportais à la réserve, dans une grande corbeille, car j'étais pleine de force. J'avais des amies avec qui j'allais aux bals. On m'avait laissé entrevoir une promotion ; j'étais en effet une des rares filles à posséder un petit bagage, comme on disait. J'étais passée, en donnant satisfaction, à tous les postes de l'usine. Tout allait pour le mieux. J'étais heureuse.

IV

UN MIRACLE SE PRODUISIT en juillet 1896. Mais auparavant, il faut que je parle un peu de la famille de mon grand-père Teston. Il était l'aîné de six enfants. J'ai déjà dit qu'il avait fait les cents coups à ma grand-mère, avec cinq mioches en sus, avant de mourir à quarante ans, d'une mauvaise fièvre. C'était un chenapan. Ses autres frères et sœurs survivants ne s'étaient jamais inquiétés de leur belle-sœur, ma mémé Teston, et ils avaient toujours eu des idées extraordinaires, avec des destinées bizarres. Le cadet avait tenté de spéculer sur les terrains rachetés par la société départementale du chemin de fer que l'on projetait de construire d'Aubenas à Largentière. Il avait tout perdu et ruiné sa femme, avant de s'embaucher comme poseur de rails. Un autre avait monté une caisse de solidarité aux mines de Bessèges, dans le Gard. Mais il avait eu des ennuis avec la direction, qui voyait là l'amorce d'un syndicat. Il fut chassé, et comme les scrupules ne l'étouffaient pas, il s'en alla avec 2000 francs qu'il avait prélevés sur la caisse. Les gendarmes vinrent interroger sa belle-sœur, qui ignorait tout, bien sûr. On ne le retrouva jamais. On disait qu'il était parti pour l'Amérique ou la Sibérie. Une des filles, après avoir fait *pampille* à Aubenas puis à Lyon, avait épousé un Barcelonnette et l'avait suivi au Mexique. Tout ceci s'était passé avant ma naissance. Ma grand-mère n'eut plus de nouvelles d'eux.

La dernière sœur, qui avait seulement une quinzaine d'années de plus que ma mère, avait l'esprit aventureux. Elle était montée à Paris, comme domestique chez des bourgeois. Lors du mariage de ma mère et de mon père, en 1876, quatre ans avant ma naissance, ma grand-mère avait écrit à sa belle-sœur, Amélie, à la dernière adresse connue, rue de la Pompe, à Paris. Trois mois plus tard, elle avait reçu un mandats de 100 francs, cinq napoléons, que la mémé Teston était allée toucher à la poste de

Largentière, et qu'accompagnait une carte de visite avec les compliments et les félicitations de monsieur et madame Armand Ballet, 17 rue d'Iéna. Ma grand-mère et ma mère n'en revenaient pas. Elles firent répondre une belle lettre de remerciements, et se posèrent plein de questions sur la réussite de cette sacrée Amélie. Nouveau mandat de 100 francs à ma naissance, nouveaux remerciements, puis plus rien. Un silence de presque seize ans. On avait cessé de s'occuper d'Amélie, à La Rouvière. Elle avait dû se ruiner aussi vite qu'elle avait fait fortune.

En juillet 96 donc, on reçut une lettre de Paris, de madame Ballet, membre titulaire de la haute couture parisienne. Elle saluait bien sa belle-sœur Marie Teston, et sa fille, ma mère, qu'elle espérait en bonne santé, et s'enquerrait de sa petite nièce Antoinette, c'était moi, qui devait aller sur ses seize ans. En bref, la tante Amélie m'invitait chez elle, à Paris. Son mari Armand était mort : elle avait donné la maison de couture en gérance, et elle se proposait de m'apprendre les bonnes manières et de faire de moi une jeune fille accomplie. La lettre n'en disait pas plus. Mais on pouvait rêver : elle n'avait pas d'enfants, elle était riche… Décidément, c'était inespéré. Ma mère sautait de joie, elle n'en croyait pas ses yeux. Elle fit lire la lettre à mon père, aux voisines, et à moi bien sûr, le samedi suivant, quand je remontai de Largentière. Elle avait l'impression de toucher au but. Finies La Rouvière, les chaussettes, les chèvres et la Fabrique. Cette sacrée Amélie, qui avait su se faire épouser par son patron avant de l'enterrer, était une maligne. Ah ! la fine mouche ! Elle avait bien su manœuvrer. Il s'agissait d'être à la hauteur. Et l'affaire n'était pas une blague car, dans la lettre, il y avait un billet aller en chemin de fer, Aubenas-Paris, via Le Teil. La déception de la quincaillerie de la Julie Vialet était loin. J'avoue que je restai un moment hébétée. Je n'arrivais pas à réaliser ce qui m'arrivait. Je tenais à la main la lettre et le billet de chemin de fer. Ce n'était pas possible. Moi, Antoinette Véron, j'allais devenir parisienne, voir la capitale, la tour Eiffel qu'on venait de terminer, le président de la République et l'Arc de Triomphe. Je ne pouvais y croire.

Il n'y avait pas de temps à perdre. Ma tante, ou plutôt ma grand-tante, m'attendait d'ici à trois semaines. Elle demandait qu'on la prévienne par lettre de mon arrivée. Elle viendrait m'accueillir à la gare. C'était un rêve. Je retournai à la Fabrique pour donner mon congé et saluer mes amies. L'histoire fit le tour du pays. Monsieur Soubeyrand, le directeur, me recommanda de ne pas oublier la Fabrique Palluat, si je réussissais à Paris. Il connaissait la maison Ballet de réputation, et m'assura que c'était une maison de confiance. Il me dit aussi qu'il y aurait toujours une place pour moi au moulinage, si tout n'allait pas comme je voulais, mais je ne l'écoutai pas.

Je dis au revoir à mes compagnes et, félicitée par toutes et peut-être un peu jalousée aussi, je quittai définitivement la Fabrique, où j'avais passé deux bonnes années tout de même. J'arrivai à Paris le 27 ou 28 juillet 1896, fin juillet en tout cas. Il faisait chaud ou plutôt étouffant, beaucoup plus qu'à La Rouvière, où il y a toujours un peu d'air. Le ciel était bleu, mais les bâtiments que j'avais aperçus du train, sales. Ma tante Amélie, c'est ainsi que j'allais l'appeler dorénavant, m'attendait sur le quai. Je ne la connaissais pas, mais ma mère avait décrit mon habillement. Ma tante me trouva sans difficulté.

C'était la première fois que je prenais le train, bien sûr. Ma mère, mon père et mes frères étaient venus m'accompagner à la gare. Pour l'occasion, mon père avait emprunté la carriole et la mule d'un voisin. J'avais ma belle robe noire, mes bottines, et ma mère m'avait donné un grand châle, à la trame un peu apparente par endroits, mais qui faisait très élégant. On m'avait acheté deux mallettes en cuir marron, pour ranger mes affaires, mais avec de l'argent retiré de mon épargne. Mes parents n'avaient pas de quoi me faire des cadeaux. On se quitta pleins d'émotion.

Je devais voyager avec un jeune homme de mon âge, originaire de Laurac, qui montait à Paris se placer chez un oncle, comme livreur-manutentionnaire. Il aurait une voiture et un cheval. C'était son rêve. Je me contentai de dire que j'allais travailler chez une parente couturière. Il ne faut pas trop se vanter de sa chance, ça la fait partir. Les parents de Paul Gallet, le futur livreur, nous avaient donné rendez-vous devant le bureau du chef de gare. C'est ma mère qui avait appris, par une connaissance, que ce garçon allait à Paris, et elle avait trouvé plus convenable et plus prudent de nous faire voyager de compagnie. J'attendis, un peu anxieusement, leur arrivée et celle du train pour Le Teil. On nous présenta, on nous installa, on nous offrit des bonbons de mélisse, on nous recommanda d'être sages et de ne pas perdre notre argent. Le convoi partit. Nous étions seuls, en route vers la métropole, qui prenait, dans mon esprit, des proportions un peu effrayantes. Paul n'était guère bavard. Il regardait le paysage. Je tricotais une paire de chaussettes de plus.

Au Teil, nous attendîmes le train pour Paris, qui venait de Nîmes. Un employé de la gare, lointaine relation des parents de Paul, nous aida à nous installer et nous vanta la capitale, qu'il n'avait jamais vue, je crois bien. La nuit tombait. Nous serions à Paris le lendemain dans l'après-midi. Le voyage me parut long. Je me souviens qu'il y avait du bruit et que dans les tunnels ça sentait mauvais la fumée. J'arrivai à dormir cependant et, au matin, je fus très étonnée par ces grandes plaines toutes plates, où le train filait à toute vapeur.

À la gare du *PLM*, Paul Gallet partit de son côté, moi du mien. Je ne l'ai jamais revu. Ma tante m'attendait avec un porteur. C'était une femme d'une cinquantaine d'années environ, et habillée d'une manière extraordinaire. Elle portait un chapeau avec des plumes gigantesques, de toutes les couleurs, un collet de fourrure sur les épaules, et elle cachait ses mains dans un manchon assorti à son collet. Une grande cape jaune doré recouvrait une robe en velours vert très épais, pas du tout froissée, et derrière il y avait une tournure qui me laissa très perplexe. Elle fit porter mes deux mallettes dans un fiacre qui nous attendait, et on traversa tout Paris, jusqu'à la rue d'Iéna, par la rue de Rivoli et les Champs-Élysées. J'étais éblouie. Les gens, très nombreux, circulaient dans tous les sens, et les voitures roulaient si vite que j'en avais le tournis. De la ville venait une espèce de rumeur permanente, des cris, des bruits de roues ferrées sur les pavés, des jurons, des claquements de fouet, des hennissements de bêtes. Je n'avais jamais vu tant de choses à la fois. Les maisons étaient très hautes, je me cassais le cou à essayer d'apercevoir les toits, et la ville me parut gigantesque. Il nous fallut une heure pour la traverser. J'ouvrais des yeux tout ronds et j'entendais à peine les explications que me donnait ma tante.

Elle habitait le premier étage d'un bel immeuble tout en pierres, avec une cour intérieure pavée, à laquelle on accédait par un grand portail voûté. L'escalier était très large, avec une belle boule en cuivre brillante sur la rampe. Les pièces de son appartement étaient immenses, avec des boiseries aux murs, de la tapisserie, des moulures au plafond et des parquets cirés et craquants. Tante Amélie me fit servir le café (je n'en avais jamais bu d'aussi fort ni d'aussi bon) par une bonne en tablier blanc. Elle me demanda des nouvelles de la famille, m'installa dans une grande chambre avec des gros bouquets de fleurs sur les murs et me laissa me reposer jusqu'au soir.

À huit heures, elle frappa à ma porte et me dit que le dîner était servi. Je m'étais endormie toute habillée sur le grand lit. Je la suivis dans une pièce à quatre fenêtres, où attendait un valet tout de noir vêtu, qui m'avança une chaise. J'étais très gênée, je ne savais pas comment me tenir. La table débordait de fleurs. Il y avait deux assiettes, deux verres, deux couteaux, deux fourchettes devant moi. On servit une soupe que ma tante appela un consommé. Elle me regarda tenir ma cuillère et se mit à rire :

« Demain, je t'habille, tu ne peux pas porter ça, dit-elle en désignant ma belle robe noire d'un air un peu dégoûté, et puis je commence ton éducation. Je ne veux pas te vexer, mais tu fais un peu campagne. Remarque, moi aussi, quand je suis arrivée, voilà trente ans ! Mais je crois que tu apprendras vite, tu as l'air intelligente. »

Et elle se mit à me raconter son histoire. Elle était entrée à dix-huit ans comme femme de chambre chez monsieur et madame Ballet, qui possédaient donc une maison de couture importante, ici même, rue d'Iéna. Madame n'était pas commode. Elle était malade et passait la moitié de l'année de maisons de cure en hôtels de bains, à Vittel, à Vichy ou à la Bourboule.

« Avec elle, j'ai vu du pays, tu peux me croire. Elle m'a même emmenée une fois à Spa, en Belgique, et une fois à Karlsbad, en Bohème. Monsieur dirigeait le magasin et l'atelier de coupe à Paris, et rejoignait madame de temps en temps. On passait l'hiver dans la capitale. Et puis madame est morte trois ans après mon entrée chez eux, et ce pauvre monsieur était inconsolable. Et pourtant, deux ans après, il m'a épousée et c'est ainsi que je suis devenue madame Armand Ballet. De femme de chambre, j'étais à présent maîtresse. »

Elle avait de la fierté dans la voix et de la joie au fond des yeux.

« Armand était un homme charmant, très élégant, très stylé ; beaucoup, beaucoup de classe. Sa famille, en revanche, n'est guère intéressante. Ils n'ont jamais voulu me recevoir. Je ne suis, paraît-il, qu'une petite paysanne intrigante. Heureusement, ses deux fils, Jacques et Philippe, ont toujours été corrects avec moi. Il faut dire que c'est moi qui les ai élevés, en grande partie, du moins. »

Elle soupira.

« J'ai passé de bons moments avec Armand. Nous avons voyagé, la Suisse, l'Italie, l'Angleterre. Il était très gentil, très attentionné. Bien sûr, il me fallait fermer les yeux parfois ! Mais tu apprendras à connaître les hommes. Sa mort a été terrible. Figure-toi qu'il m'avait instituée légataire universelle, et que la famille m'a intenté un procès en captation de testament. Après tout ce que j'avais fait pour lui ! La manière dont je l'ai soigné, comme je l'ai entouré jusqu'au dernier moment !

Je n'ai jamais eu l'intention de dépouiller ses enfants. C'est pourtant ce qu'ont dit les avocats. Ils m'ont fait mille méchancetés, et ça a duré trois ans, les expertises, les contre-expertises, les mandements, les citations, enfin, je ne te dis pas tout ! J'ai même reçu des lettres anonymes. »

Toute rouge d'indignation, ma tante se leva, alla fouiller dans un secrétaire et me tendit un morceau de papier froissé où une écriture très contournée parlait de « grosse vache lubrique », ce qui ne me parut pas catastrophique, vu que je ne savais pas ce que voulait dire le mot « lubrique ».

« Alors là, ma petite, je ne me suis pas laissé faire, j'ai menacé de porter plainte et ça a fait vilain. Tout était mené par le frère d'Armand, Charles, et sa sœur, madame de Fay. Elle a des prétentions nobiliaires et un mari couvert de dettes. Elle espérait bien un morceau du gâteau. Mais là, j'ai dit "pas touche". J'étais l'épouse, tu comprends, et j'avais le testament pour moi. Enfin, pour couper court au scandale — tu ne sais pas qu'ils voulaient faire saisir mes meubles et me faire expulser de mon appartement ! —, sur les conseils de mon avocat, un chic type, mais ses honoraires ne sont pas donnés, j'ai proposé un arrangement. Je suis propriétaire de l'affaire de couture, qui marche bien, mais ce sont les enfants qui ont la maison, et je leur verse un loyer pour l'atelier et l'appartement. J'ai dû leur payer 10000 francs à chacun, ainsi qu'à la du Fay et à Charles, mais j'ai pu garder l'usufruit de la villa de Cannes. Ah ! Ça n'a pas été facile, tu peux me croire. Je me suis battue pour tout. »

Je la regardais avec de grands yeux. Je ne comprenais pas tout ce qu'elle me racontait. Jamais personne ne m'avait dit des choses pareilles. Elle se tut un instant et parut songeuse.

« Oui, ça n'a pas été facile, mais je pense que ça en valait la peine. À présent, la maison est en gérance, et je n'y vais pas souvent. Mais je t'emmènerai la visiter quand même.

Joly, mon fondé de pouvoir, ne s'en occupe pas trop mal. »

Le lendemain matin, ma tante se précipita dans ma chambre, ouvrit les rideaux et s'écria :

« Debout, ma petite. Tu commences par prendre un tub, après quoi, je t'habille. »

Un « teub », je ne comprenais pas. Voyant ma tête, elle poursuivit en riant :

« Je vais te montrer. Tu comprends, tu sens encore un peu la chèvre. »

Elle me conduisit dans une pièce bizarre, qu'elle appela cabinet de toilette. Il y avait une table recouverte d'un marbre veiné, avec des multitudes de petits pots devant un miroir et, un peu plus loin, un grand bac en zinc surmonté, à hauteur d'homme, d'un tuyau qui faisait comme un collier et qui rentrait dans le mur.

« Tu vas te déshabiller complètement ; rassure-toi, je mettrai le paravent ; tu ouvriras ce robinet, là, contre le mur, et tu te laveras soigneusement, avec ce savon. »

Elle me mit dans les mains un bloc vert tendre qui sentait bon comme je n'avais rien senti de semblable.

« Voilà des linges pour te sécher, continua-t-elle. Ensuite, tu passeras ce peignoir, il doit être à ta taille. »

J'avais de la peine à réagir. Il suffisait d'ouvrir un robinet et l'eau coulait du ciel. À La Rouvière, on avait un puits, et la citerne en été. Je me lavais bien sûr, en Ardèche, mais chaque jour seulement les bras et les pieds. Le reste, on le faisait en petits morceaux, sans trop insister, et sans se dévêtir complètement, trois ou quatre fois par an, pour les fêtes, par exemple. J'étais en chemise, devant l'appareil, le tub. La tante passa la tête par-dessus le paravent :

« J'avais oublié, dit-elle, l'eau est chaude, j'ai une chaudière à gaz. »

Elle dit cela avec fierté. Je compris que je bénéficiais alors du dernier cri de la technique moderne et du progrès. Au premier jet d'eau, je fus suffoquée, et avec la buée en plus ! Et puis, je m'habituai. C'était même assez agréable. Et ce savon qui sentait si bon !

Après le bain, tandis que je m'entortillais dans le peignoir à ramages qu'elle m'avait donné, elle me fit asseoir à la table, devant le miroir, et se mit à me parler maquillage. Je me laissais faire, mais j'étais un peu inquiète. Chez nous, il n'y avait que les filles de rien qui se maquillaient. Si mes amies de la Fabrique m'avaient vue ! Elle me passa un peu de blanc sur les pommettes que j'avais rouges, comme les gens de la campagne, souligna mes yeux d'un peu de noir et me mit une pommade rose sur les lèvres. Elle fut obligée de recommencer, car, étonnée par ce produit, je l'avais enlevé de deux ou trois coups de langue.

« Ça suffit pour aujourd'hui, dit-elle. Pour tes cheveux, j'ai pris un rendez-vous cet après-midi. La manucure y sera. Passe ces bas, ces deux jupons, cette chemise, remets ta vieille robe, on descend. »

J'étais sans voix. Les bas étaient fins, très doux. Je reconnus la soie. Voilà donc ce qu'on faisait de notre travail. C'était le produit fini. La chemise avait des broderies superbes et un petit ruban qui serrait la poitrine. Ma tante m'aida à passer un corset, que je considérai comme un instrument de torture. J'avais la taille fine, mais elle réussit à le serrer à me faire mal.

« Il faut souffrir pour être belle », prétendit-elle.

Après avoir fait le tour de l'appartement (il y avait même un grand piano noir au salon), nous descendîmes au magasin, qui donnait sur la rue d'Iéna, à quelques mètres de la porte cochère, alors que l'atelier ouvrait sur la cour. C'était magnifique. Jamais je n'ai vu de toilettes aussi belles. Les robes étaient somptueuses, avec des drapés merveilleux. Et les tissus étaient doux, si doux, si colorés aussi. Moi qui n'avais jamais porté que des robes noires et de coupe simple, j'avançais, les yeux écarquillés, écoutant à peine les explications de ma tante, répondant vaguement aux vendeuses qu'elle me présentait. Un monsieur un peu chauve, le gérant, me saisit les doigts et les porta à sa bouche en s'inclinant. J'eus un mouvement de recul. Je ne comprenais pas ce qu'il voulait. Ce fut mon premier baisemain. Ce ne fut pas le dernier, mais je regrette aujourd'hui que l'usage en soit perdu. Le chatouillis de la moustache sur le bout des doigts était bien agréable. Mais les hommes, aujourd'hui, ne portent plus la moustache. Enfin, ce gérant, monsieur Alfred Joly, passée ma première surprise, reste en bonne place dans mes souvenirs parisiens.

Ma tante me fit essayer plusieurs robes déjà montées, une mauve, une blanche à pois verts, une jaune à manches gigots, trois jupes, des corsages. Pendant les essayages, une petite main fit les retouches de ma robe mauve, si bien que je pus la passer tout de suite. Ma tante me conduisit devant une grande glace, une psyché, dit-elle. Je ne me reconnus pas. J'avais devant moi une grande fille vêtue comme une reine, un peu gauche peut-être, mais à la taille élancée, au visage mat, à cause du blanc de la tante, et aux beaux yeux verts. Je me mis à battre des mains, j'étais heureuse comme une folle. J'étais la plus belle, la vie était merveilleuse.

L'après-midi, je passai chez le coiffeur qui me transforma la tête en me faisant des boucles au fer chaud. La manucure s'occupa de mes mains, fines certes, mais déjà bien entamées par le travail. Nous achetâmes encore des chapeaux, un sac, des bottines et du linge. Je balbutiais des remerciements éperdus à ma tante, qui semblait aussi heureuse que moi : « Tu es un peu la fille que je n'ai pas eue. »

Je m'endormis ce soir-là en faisant des rêves de bonheur, de richesses et de baisemain.

Madeleine, la femme de chambre, me réveilla le lendemain à huit heures. Mon lit moelleux, sans comparaison avec ma paillasse de La Rouvière, m'avait fait faire une grasse matinée inhabituelle. Elle m'aida à m'habiller, car j'étais un peu perdue au milieu de tous ces falbalas, et me dit que madame m'attendait. On descendit dans la réserve de tissus. Il y en avait des kilomètres empilés, de toutes sortes, de toutes couleurs. Ma tante se mit à me montrer les étoffes, à me les faire toucher du doigt et à me les nommer. Je connaissais la soie, évidemment, le coton et le lin. Je découvris la serge, le linon, la batiste, l'organdi, le jacquard, la singalette, l'organza et tout et tout. Elle me montra différents points de dentelle, celle de Calais, celle d'Alençon, celle du Puy, bien sûr. On passa ensuite à l'atelier où je vis les patrons en papier de soie marron clair ; je vis les ouvriers tracer à la craie, couper des biais, utiliser cette fabuleuse paire de ciseaux qu'il fallait tenir à deux mains et qui était capable de trancher sept épaisseurs à la fois. À la couture ensuite, ma tante me fit montrer les différents points, les ourlets, les ceintures à gros-grain, les boutonnières à passepoil. Les cousettes étaient d'une grande habileté et, comme à Largentière, elles riaient et chantaient tout le temps. On alla au magasin. Le gérant suivait une cliente avec déférence, se prêtait à tous ses caprices, était toujours d'accord avec elle, s'excusait sans cesse. Je me dis que je n'aurais pas pu supporter cela. Mon caractère trop vif, trop emporté, m'aurait fait commettre quelque bévue. Et pourtant, je m'y suis bien faite ! Il a bien fallu !

La semaine suivante, ma tante me fit visiter Paris. Le palais de l'Élysée, la tour Eiffel, l'Arc de Triomphe m'enthousiasmèrent. Elle me fit faire une croisière sur la Seine, en bateau à vapeur. Elle m'emmena aux Invalides voir le tombeau de Napoléon. On se promena sur les grands boulevards. Elle m'invita au théâtre où l'on jouait *Le Capitaine Fracasse* d'après Théophile Gautier. Les costumes et les décors étaient magnifiques. On alla même voir quelque chose de tout nouveau, qu'on montrait dans la cave d'un café des boulevards : le cinématographe Lumière. Je me souviens de la frayeur de toute la salle, quand la locomotive se précipita sur nous. Et puis, après la visite d'un prince chinois, qui était allé voir tirer le canon au Havre, le canon Canet, Paris préparait un grand événement : la visite officielle du tsar Nicolas de Russie.

Tous les journaux en parlaient. Les tsars étaient en train d'édifier un empire gigantesque à cheval sur l'Europe et l'immense Asie. Ils étaient les défenseurs de l'Occident et de la chrétienté, au sud contre les Ottomans de Turquie, et à l'est contre le fameux péril jaune, Chine et Japon confondus. On parlait d'explorateurs qui s'étaient perdus dans cette immense Sibérie, steppe déserte et glacée. Deux projets grandioses avaient germé dans la tête de nos brillants dirigeants : l'alliance russe devait servir à menacer l'Allemagne, qui nous avait dépouillés de l'Alsace et de la Lorraine, en 1870, ensuite on envisageait la jonction, en Chine, entre Russes et Français, les uns venant du nord, les autres du sud, de l'Annam, où était allé au service le frère de Julien Léotier, mon cavalier des bals de Largentière. Il y avait quelque chose de plus important encore. J'avais entendu ma tante en parler avec un de ses amis. Il s'agissait d'argent : on avait lancé un emprunt pour la mise en valeur des terres nouvelles de Sibérie et, pour cela, il fallait construire une voie ferrée, la plus longue du monde (on parlait de 20000 kilomètres) et qui irait de Moscou à Pékin, en traversant la moitié de la planète. Il y avait des bénéfices considérables à faire. L'emprunt était souscrit en or, évidemment. Je ne comprenais pas encore très bien comment on pouvait gagner de l'argent en prêtant aux autres, et surtout j'ignorais, à l'époque, le mot spéculation. Je ne connaissais que le petit bureau de la Caisse d'Épargne d'Aubenas. Je savais aussi que le caissier du magasin de couture déposait chaque semaine la recette dans une banque, mais j'ignorais à quoi tout cela servait.

Pendant plusieurs jours, on nettoya de fond en comble les rues de Paris. Les bons citoyens furent invités à pavoiser. On décora la façade du magasin avec de petits drapeaux russes. Dans la vitrine, on fit voisiner l'astrakan avec la martre, le renard bleu et la zibeline. C'était superbe.

Le tsar et sa suite devaient arriver en train à la gare du Ranelagh, venant de Cherbourg. Ce jour-là, des milliers de Parisiens se pressaient dans les rues, sur le trajet du cortège, bien avant l'heure. On se bousculait, on criait. Des vendeurs proposaient des drapeaux, des portraits de Nicolas II et du président Faure, notre « Féli », des dépliants présentant la famille impériale, la tsarine Alexandra Feodorovna. Le gérant avait donné *campo* à tout le magasin. Ma tante avait réussi à obtenir trois places dans une tribune réservée, rue de Grenelle, près de l'ambassade, pour mieux voir le cortège. Nous nous étions habillées avec grand soin, ce jour-là. Je portais une jupe de velours grenat, avec un chemisier au large col de dentelle, et une veste pincée grenat également, aux manches larges et aux poignets étroits. J'avais une toque de fourrure à la barinya, avec une voilette, et un manchon assorti sur des mitaines de dentelle blanche. Je me trouvais magnifique. Jamais je n'avais été si bien habillée.

Nous prîmes un fiacre que ma tante avait réservé trois semaines à l'avance, et je fus surprise de voir monter avec nous un monsieur d'une quarantaine d'années environ, gilet rayé jaune, chapeau melon, moustache gominée, auquel ma tante me présenta : « C'est la petite dont je t'ai parlé », et qu'elle appelait familièrement Gaston. Je crus d'abord naïvement qu'il allait s'intéresser à moi, mais je m'aperçus bien vite que toutes ses attentions allaient à ma tante. Je trouvais cela bizarre. Le fiacre nous déposa à plus de 2 kilomètres de l'ambassade. Il nous fallut continuer à pied. Monsieur Gaston donnait le bras à ma tante qui avait l'air ravie. Je suivais derrière. Mais rapidement, la foule devint telle qu'il fallut me rapprocher. Monsieur Gaston se mit à bousculer les gens, en agitant ses trois laissez-passer. Il s'adressa à un agent de police qui nous fit rebrousser chemin. Un autre agent nous renvoya d'où nous venions. Ma tante me tenait le coude et me recommandait de bien faire attention à ma jupe et à mon sac de perles, que je risquais de me faire voler.

Nous étions en pleine cohue. Les gens criaient, se poussaient, s'appelaient de loin. Des familles entières essayaient de ne pas se perdre. J'aperçus, accrochés à un réverbère, une petite fille et un petit garçon qui pleuraient à fendre l'âme. Une grosse dame charitable tentait de leur faire dire leur nom. Ils avaient visiblement perdu leurs parents dans la bousculade. Je revois aussi une grande fille rousse, très maquillée, qui criait comme un paon : « Léon, Léon. » Mais Léon ne semblait pas l'entendre, car personne ne se retournait. Malgré la fraîcheur de l'air (on était en octobre), un homme suait à grosses gouttes avec son petit gars sur les épaules, qui s'agrippait au crâne luisant de son père. J'avais bien de la peine à préserver ma belle jupe dans cette foule en folie. Monsieur Gaston réussit à nous faire traverser un cordon d'agents, et soudain nous fûmes au calme. On nous dirigea vers un enclos bordé d'une cordelette verte, ornée de drapeaux russes et français alternés. La fameuse tribune réservée n'était qu'un grand rectangle délimité par une ficelle, comme à la foire de Largentière. De plus, il était déjà bien plein. Nous n'étions pas les seuls privilégiés. Un grand nombre s'était levé bien plus tôt que nous. Monsieur Gaston se mit à l'ouvrage et, au bout de dix minutes de patients efforts, il parvint à nous faire accéder presque au premier rang. Ma tante me fit passer devant et se tint derrière avec lui, tout près même, à ce qu'il me parut.

Alors on attendit. Il était neuf heures. L'arrivée était prévue pour dix heures. Des cuirassiers à cheval faisaient parader leurs montures. Les chevaux au poil luisant étaient magnifiques. Leurs crinières avaient été soigneusement étrillées, la veille, et leurs queues pendaient aussi sagement que les crins des casques des soldats. Deux hommes, en calot et bandes molletières, ramassaient les boules de crottin qu'ils rangeaient avec soin dans une petite voiture à couvercle. Des officiers marchaient de droite et de gauche, en se saluant cérémonieusement. Des voitures noires et vernies, aux confortables coussins rouges, attelées de chevaux blancs, passaient dans la rue et filaient Dieu sait où. J'étais fascinée par le luxe et la richesse des costumes. Partout des rubans dorés, des écharpes de passementerie d'or et d'argent, des chapeaux à plumes d'autruche, des résilles de perles précieuses. Les uniformes étaient impeccables. Pas une marque noire sur les bas blancs des laquais emperruqués. Les rayons d'or des voitures réfléchissaient un soleil un peu pâlot. Les instruments de musique rutilaient. J'entendis un de mes voisins expliquer que c'était l'Harmonie de la place de Paris qui avait eu l'honneur d'être réquisitionnée. Les marches militaires se succédaient les unes aux autres, et je reconnus le *Chant du Départ* que monsieur Bertrand nous avait appris, l'année du certificat. Je me mis alors à en fredonner les paroles à mi-voix, en suivant la musique. J'étais toute surprise de voir tant d'instruments, et surtout, je ne comprenais pas bien pourquoi un militaire s'agitait si violemment devant eux. Au bal de Largentière, il n'y avait qu'un violon, parfois deux, et ils n'avaient pas besoin de chef d'orchestre.

De l'endroit où nous étions, on ne voyait pas très bien l'ambassade, d'autant qu'un cordon de soldats, l'arme au pied, gênait un peu la vue. Mais le cortège officiel devait passer devant nous. Lorsqu'il fut dix heures, un mouvement se fit dans la foule. Toutes les têtes se tournèrent. La rumeur s'enfla : « Voilà le président, voilà Félix Faure ». En fait, ce n'était pas lui. C'était un régiment de zouaves, pantalon rouge bouffant et chéchia à pompon, qui vint se ranger impeccablement en face de l'entrée. Ensuite passèrent des gardes républicains à cheval, puis une calèche noire avec deux militaires aux moustaches blanches. Je n'avais jamais vu d'aussi vieux soldats. Ma tante m'expliqua que c'était le gouverneur militaire, Monsieur de je ne sais plus quoi : elle avait habillé une fois sa femme. L'attente reprit.

« Le train a du retard, disaient les uns.

Non, il est déjà arrivé, expliqua un agent en pèlerine qui se retourna vers nous. Tout à l'heure, il y a eu le canon. Le cortège a dû prendre du retard, à cause de la foule.

— L'empereur peut bien faire attendre le président », ajouta monsieur Gaston qui avait lu les journaux et qui nous expliqua tout.

Le tsar avait fait venir son train personnel, mais il y avait eu des incidents techniques sur la petite ceinture, parce que les wagons russes étaient trop lourds. On avait donc décidé que le train du tsar roulerait de Cherbourg à Versailles, et là, tous les Russes monteraient dans le train présidentiel qui était moins lourd, je ne sais plus combien de tonnes. L'arrivée dans Paris devait se faire dans une petite gare construite en six jours, au Ranelagh. Ensuite défilé dans les rues de Paris, jusqu'à l'ambassade russe, où l'on avait installé pour 25 000 francs de tapis. Soudain, un grand mouvement se fit vers l'avant, et je faillis basculer par-dessus la corde, sur l'agent qui se trouvait devant moi. Au même moment, un grand cri passa sur la foule : « Les voilà » . La musique se mit à jouer l'hymne russe, que je n'avais jamais entendu, bien sûr. C'est même à cause de cela que je le reconnus. La foule se calma de nouveau. Les soldats étaient au garde à vous. Ce fut ensuite la *Marseillaise*, et je fus très surprise, car les gens se mirent à chanter le premier couplet et le refrain avec un tel enthousiasme que je me mis à le fredonner, moi aussi. Jamais je n'avais été au milieu d'une foule aussi nombreuse, et je me sentais prise de tous côtés, entourée d'une grande chaleur humaine et des accents guerriers du chant patriotique et révolutionnaire, comme aurait dit monsieur Bertrand. Je fus gagnée par l'ambiance et je poussai un : « Abreuve nos sillons » plus fort que tous mes voisins. Je fus la première étonnée de mon audace, mais ma tante et monsieur Gaston n'étaient pas en reste et criaient autant que moi. Quelle émotion, tout de même ! Et quelle malice, quand j'y repense ! Ces milliers de gens qui hurlaient la Révolution et les immortels principes à la tête du tsar, empereur de toutes les Russies !

On vit arriver d'abord un piquet de gardes républicains, et les gens crièrent : « Vive la garde ! » Juste derrière, un détachement de la cavalerie d'Afrique, et la foule cria : « Vivent les spahis ! » Enfin on vit caracoler des chefs arabes et des caïds tunisiens, et on cria : « Vivent les Arabes ! »

Le président, le souverain et la tsarine apparurent bientôt, dans une voiture à la daumont, noire et dorée. Ils souriaient et saluaient de la main. La foule applaudissait, criait bravo. Je n'avais d'yeux que pour le tsar. Je le trouvais beau. En grand uniforme vert sombre de colonel, la poitrine pleine de médailles, l'œil bleu clair et la barbe conquérante, il avait très belle allure, sous son bonnet d'astrakan. Il passa trop vite. Tous étaient superbement habillés, comme me le fit remarquer ma tante, qui avait l'œil professionnel. L'impératrice avait une robe de satin blanc avec un boa de plumes légères autour du cou et un chapeau à aigrette blanche. Félix Faure portait bien le frac. D'autres calèches suivirent, chargées d'officiers et de messieurs en haut de forme, puis les zouaves s'en allèrent et la fanfare militaire à son tour. Moi, j'avais surtout remarqué un prince à la stature gigantesque, aux cheveux très ras, vêtu d'une blouse blanche brodée d'or, et qui, me sembla-t-il, m'avait jeté un regard d'un bleu merveilleux. C'était fini ; j'avais vécu un événement historique et je ne le savais pas encore. Je l'appris le lendemain par les journaux.

À propos de Russie, la tante Amélie me confirma ce que m'avait déjà raconté sa belle-sœur, ma grand-mère Marie. Son père, Victor Teston, avait été conscrit en 1811. Il ne s'était pas coupé l'index de la main droite, comme certains qui évitaient ainsi de partir à l'armée puisqu'ils ne pouvaient pas appuyer sur la détente du fusil. Il était donc parti servir son empereur à travers la Prusse et la Pologne, jusqu'à Moscou. Alors que les Français avaient pris la ville, les Russes y mirent le feu. Ça brûla pendant huit jours au moins, paraît-il. Il n'y eut rien à faire pour l'éteindre, car toutes les maisons étaient en bois. Les pauvres soldats durent s'enfuir. Ce fut la débâcle à travers les plaines enneigées, avec le froid et la faim. Les morts furent nombreux, gelés pendant la nuit, noyés dans la Berezina ou sabrés par les cruels cosaques. Le ravitaillement était rare, les colonnes en désordre. Les hommes mangeaient ce qu'ils trouvaient. Certains se battaient pour une racine d'arbre.

Ce fut affreux. Mon arrière-grand-père dut son salut aux deux pièces d'or que sa mère avait cousues dans la doublure de son manteau militaire.

« Tu ne les utiliseras qu'à la dernière extrémité », avait-elle dit, ce qu'il fit.

« Sans ces deux pièces d'or avec lesquelles j'ai pu acheter du pain, je ne serais pas là, et toi non plus, petite. »

C'est par cette même phrase que ma grand-mère, qui la tenait de son mari, et ma grand-tante avaient terminé leur récit. Je n'ai jamais douté une minute qu'elle n'ait été prononcée telle que par ce héros de ma famille.

Pour en revenir au tsar, le défilé était terminé. La foule s'effilocha, envahit les rues par-dessus les cordons, et nous rentrâmes à la maison. Je marchais devant, un peu rêveuse à cause de mon prince slave ou de mon ancêtre soldat. Ma tante et monsieur Gaston suivaient. Je leur jetais un regard de temps en temps. Ils se tenaient fort près l'un de l'autre. Ma tante en particulier riait trop haut et gloussait parfois si fort que des gens se retournaient. J'avais un peu honte pour eux, mais je n'y pouvais rien. On n'a pas l'habitude, en Ardèche, de se tenir comme ça, dans la rue et en plein jour surtout.

À partir de ce jour-là, je commençai à m'ennuyer. Ma tante s'absentait souvent, et je passais des après-midi entières à regarder la rue derrière les rideaux. Les oliviers, la vigne, les collines et même les chèvres me manquaient. Je me languissais. Sur les chemins, autour de La Rouvière, je ne pouvais pas croiser quelqu'un sans faire un brin de causette. J'avais ma place, j'étais connue : la fille aînée de Marie et Louis Véron. On savait. Ici, je n'osais même pas sortir seule dans la rue.

Je sentais aussi une vague menace dans la présence de monsieur Gaston. Il ne me plaisait pas. De jour en jour, j'avais l'impression que son influence grandissait sur ma tante. Quand je la regardais en douce, je la voyais rêveuse, distraite. Elle ne s'occupait plus de moi. Je me demandais pourquoi elle m'avait fait venir. Comme elle passait de plus en plus de temps avec son monsieur Gaston, je pris l'habitude de descendre à l'atelier, où on me laissa faire de menus travaux. On se méfiait de moi, mais pas suffisamment pour que toutes les conversations s'arrêtent quand j'arrivais. Cela me permit d'apprendre des choses sur le compte de ma chère tante : c'était, paraît-il, une fameuse gourgandine. Le pauvre Édouard Ballet avait porté de nombreuses cornes, mais très justifiées, car lui ne se gênait pas pour lutiner les filles derrière les tables de couture. Certaines n'aimaient pas trop se trouver seules avec lui dans la réserve de tissus. D'autres, au contraire, aimaient bien. Enfin, le couple semblait bien assorti sur ce chapitre-là. Pendant qu'il s'occupait des filles de l'atelier, elle fricotait avec monsieur Alfred ou monsieur Léon, un représentant en tissus d'Arras. Julia, une grande fille qui avait coiffé sainte Catherine, prétendait même qu'elle l'avait vue, un jour, entrer dans un hôtel un peu louche avec un gardien de la paix, ce qui permit à son amie Rose de vanter, avec beaucoup de sous-entendus, le charme de la pèlerine et des chaussures à clous.

Mais ce qui m'intéressa le plus, ce fut ce qui concernait monsieur Gaston. Il était bien connu dans cette société. Il avait eu un début d'aventure avec Mado, qui murmura rêveuse :

« Il embrasse vraiment très bien !

— Et le reste ? » demanda Julia.

Toutes les filles s'étaient arrêtées, l'aiguille en l'air. Mado fit durer le plaisir :

« Je ne sais pas, dit-elle en éclatant de rire, j'ai manqué le rendez-vous à Joinville, chez le père Baptiste. Le dimanche suivant, il avait soulevé cette rousse de chez Lecureux, tu sais, qui a toujours un caraco vert pomme et, en passant près de moi, il m'a dit qu'il n'aimait pas se faire poser des lapins.

— Monsieur est bien susceptible », conclut Julia, et toutes les mains replantèrent les aiguilles. Je compris que monsieur Gaston était un professionnel de la séduction. Les filles continuèrent de parler entre elles. J'appris ainsi qu'ils étaient ensemble depuis au moins deux ans. Elles lui souhaitaient bon courage, avec ma tante qui avait nettement plus de cinquante ans et qui, pour les appâts, ne pouvait plus rivaliser, depuis longtemps, avec les midinettes qu'elles étaient.

« Ne t'en fais pas pour lui, il est à la coule, il sait bien ce qu'il veut. »

Et Julia fit un geste que je ne vis pas, mais dont je compris la signification, d'autant qu'elle ajouta, à voix plus basse, mais j'ai toujours eu l'oreille fine :

« À la place de la petite — c'était moi — je ne me ferais pas trop d'illusions. Cette histoire de la faire venir à Paris et de la promener partout, ça me paraît bien cousu de fil blanc. C'est pour faire peur aux autres. »

Une d'elles avait dû s'apercevoir que je n'étais pas loin, car Mado s'arrêta et toutes se mirent à fredonner une romance à la mode. Mon avenir à Paris semblait compromis. Ma mère et moi n'avions-nous pas un peu trop imaginé ? Ma tante m'avait voulue comme demoiselle de compagnie, mais elle n'avait jamais promis autre chose. Elle n'avait jamais dit clairement combien de temps elle voulait me garder. Je n'arrivais pas à comprendre pourquoi elle m'avait fait venir, ni pourquoi elle m'avait, au début, si bien traitée. Je me demandais si ce n'était pas en rapport avec l'héritage de la famille Ballet. En attendant, elle me faisait toujours bonne figure, mais je voyais bien qu'elle avait la tête ailleurs. Je me sentais de trop. Je n'avais personne à qui parler, je m'ennuyais ! Alors survint le télégramme.

Un agent télégraphiste me le remit un matin de novembre 1896. C'était la Toussaint. Trois mois déjà que j'étais à Paris. Comme le temps passait vite ! Le petit bleu se composait d'une seule ligne : « Vital bien malade, rentre vite. »

Qu'est-ce qui pouvait bien se passer ? Je ne comprenais pas. Je me mis à pleurer. Ma tante me consola tant bien que mal, sécha mes larmes comme elle put, avec un mouchoir de batiste empestant le jasmin. Quand je me vis dans une glace, je constatai qu'elle n'avait fait que barbouiller de traces sales toute ma figure. Elle m'aida à faire mes bagages, me donna un peu d'alcool de menthe pour me réconforter et me conseilla de rester à La Rouvière tout le temps qu'il faudrait, jusqu'à la fin de l'année même, si c'était nécessaire. Ma mère serait ravie de revoir sa grande fille, et je pourrais saluer toutes mes connaissances.

« De toute façon, pour revenir, attends que je te fasse signe. Je t'enverrai une lettre. »

Elle me fit mille recommandations, me remit l'argent pour le billet et me glissa dans la main deux louis de 100 francs, les premiers que je voyais, en me disant :

« Allons, va. Je te dois bien ça. Tu les as bien mérités. Soigne bien ton frère. »

Elle me fit conduire à la gare par un fiacre, sans venir elle-même. Ce départ ressemblait à une séparation définitive. J'eus l'impression qu'elle se débarrassait de moi. Durant tout le voyage, je n'eus guère le temps de réfléchir à tout cela, car je me mis à lire et à relire ce maudit télégramme. Qu'était-il arrivé à mon petit Vital ? Il avait dix ans, c'était un peu moi qui l'avais élevé, vu que ma mère avait eu Romain l'année suivante. Je l'avais porté alors qu'il était tout bébé, j'avais joué avec lui, je l'avais emmené à l'école. J'avais mal au cœur de penser à tout cela. Mais qu'est-ce qui lui était arrivé ?

À Dijon heureusement, deux vieux messieurs montèrent dans mon compartiment et se mirent à discuter à voix haute. Je compris que l'un était un ancien cocher de diligence. Il avait la mine rougeaude et ne se privait pas de jurer. L'autre, je ne sais pas. Ils comparaient les mérites respectifs de la diligence et du train. L'ancien cocher défendait les chevaux et les routes d'antan. L'autre n'avait que le chemin de fer à la bouche. Il disait que les rails s'étendraient un jour sur la France, comme une toile d'araignée, et qu'ils porteraient, jusque dans les campagnes les plus reculées, le progrès, la vitesse et la puissance du charbon et de la vapeur. L'autre se mit à répéter la même phrase, d'un air d'évidence, avec une mine de six pieds de long :

« C'est égal ! Le rail a tué la route ! Je ne l'aurais jamais cru. Le rail a tué la route ! »

Cette expression me frappa. Et c'était vrai, d'une certaine manière. On construisait des voies ferrées à tour de bras, partout. Il y avait les grandes compagnies nationales, comme le PLM ou les Chemins de fer du Centre, mais aussi les petites entreprises départementales, les régies, qui se proposaient de faire arriver le train même dans les chefs-lieux de canton, et pourquoi pas, dans chaque commune. Je n'osais toutefois imaginer une gare à La Rouvière ! Il est vrai qu'on n'avait pas de route non plus. C'était juste un chemin herbeux qui, à certains endroits, tenait plus du sentier que d'autre chose.

Je finis par arriver à La Rouvière après deux jours de voyage pénible. Mon petit frère était étendu dans mon lit, qui était aussi celui de la mémé Teston. Il était pâle et tremblait de fièvre. Ma mère le soignait avec des infusions et elle avait placé sur sa petite poitrine un énorme cataplasme de farine de lin à la moutarde. Il me sourit pauvrement quand je l'embrassai. Ma mère fit le café, me trouva bonne mine et, toisant ma superbe robe parisienne de haut en bas, haussa les épaules et m'entraîna dehors. En revenant de l'école, Vital faisait de l'équilibre sur un muret et, par malchance, il était tombé dans le trou de la source de chez Malzieu. Il était rentré grelottant de froid et, malgré les frictions énergiques de ma mère, à l'herbe de la rue, la fièvre s'était déclarée le lendemain. Les poumons devaient être pris, car il toussait très longtemps sans pouvoir s'arrêter. Pendant deux jours il avait déliré en m'appelant, et ma mère avait envoyé le télégramme. Depuis, la situation semblait s'améliorer. Elle regrettait presque de m'avoir fait venir. Elle essuya quelques larmes avec son tablier, j'en fis autant avec un mouchoir blanc, bordé de dentelle. Elle me regarda de nouveau :

« Comme te voilà mise ! Tu ne peux pas rester comme ça, les voisins vont jaser ! C'est donc ainsi qu'on s'habille à Paris ! »

Et elle tâtait du doigt le tissu de ma robe.

« Ça doit en représenter des sous, un affûtiau pareil ! Sacrée Amélie, va ! On peut dire qu'elle a tiré le gros lot. Tu nous raconteras tout ça ce soir. »

Ma mère décernait le gros lot à Amélie, mais elle pensait bien que c'était moi qui l'avais gagné, et elle avec moi. Si elle avait su…

Nous rentrâmes. La mémé disait son chapelet. Mon père, la tête penchée, croisait les mains et les doigts, nerveusement. Le petit Romain était blotti aux pieds de sa grand-mère. Vital avait les yeux fermés. Il me parut plus pâle encore qu'à mon arrivée. Il haletait doucement. Il avait l'air de souffrir. Ma mère lui mit la main sur le front, la fièvre avait repris. Je me tournai vers elle et lui soufflai à l'oreille :

« Et si on appelait le médecin ? »

Elle haussa les épaules comme pour dire que c'était bien inutile, que, de toute façon, on n'y pouvait rien.

« J'ai de l'argent, je vais le chercher. » Je saisis un vieux manteau de ma mère et sortis rapidement. Le ciel était bas. Il faisait un petit vent frisquet. Je me mis à courir sur le chemin vers Rocher. Il était environ cinq heures, et la nuit commençait à venir. Je n'avais pas pris de lanterne et je trébuchais parfois sur les cailloux. Pourtant je connaissais bien la route, je l'avais faite si souvent pour aller à l'école et à la Fabrique !

J'allais le plus vite possible, le médecin pourrait quelque chose, lui. Je ne connaissais le docteur Prades de Largentière que de nom. Jamais il n'était venu à la maison. On s'y soignait toujours à l'eau de l'herbe de la rue. Je tournai à droite vers la route de Chazeaux, montai jusqu'à la tranchée, puis coupai par le ruisseau des Flachères, sur les cailloux, jusqu'à l'entrée de Luthe. Un chien aboya quand je passai près des maisons. La route, ensuite, était droite, et j'arrivai vite dans les gorges de la Ligne où il faisait si sombre que j'éprouvai un petit frisson. Comme Paris et tous ses lampadaires à gaz étaient loin ! J'étais vraiment au bout du monde ! Qu'est-ce que je faisais ici ? Je croyais rêver. Je m'arrêtai un instant en face de la Fabrique pour ôter un caillou de ma chaussure. Mes petites bottines vernies n'étaient guère pratiques pour parcourir ce chemin. Enfin, j'entrai dans Largentière en traversant le pont des Récollets, sous lequel la Ligne grondait sourdement.

Je n'avais pas eu le temps d'être inquiète tellement j'étais allée vite. Je frappai à la porte du docteur. Mon cœur cognait sous mes côtes. La bonne me fit attendre, le docteur finissait de manger. Il me reçut en grommelant, m'écouta avec attention. Quand je lui dis que Vital avait de la fièvre depuis cinq jours, il me dit qu'il n'y avait pas un instant à perdre. Il prit sa sacoche de cuir brun, fit préparer son cabriolet et nous partîmes dans la nuit. Les deux quinquets éclairaient la croupe sombre de la jument à qui il fit prendre la route de Rocher. Il se mit à fumer sa pipe pendant que je me rongeais les sangs. Comme il s'étonnait de mes habits, je lui racontai ma bonne fortune, dont il avait d'ailleurs entendu parler, car mon histoire avait fait le tour du pays. Il me fit parler de Paris, où il était allé en 1889 pour l'exposition universelle. Je parlais et j'oubliais mon inquiétude. Dans la côte, au-dessus de Rocher, il me fallut descendre et prendre le cheval par la bride, car le chemin était étroit, et il y a deux passages à gué sur le ruisseau, mais pas dangereux quand il y a peu d'eau. Enfin on arriva. Prades était un homme de cinquante ans environ, fort et rougeaud. Il devait peser au moins 220 livres, et son ventre entrait avec peine dans son pantalon. D'ailleurs, durant tout le trajet, je m'étais félicitée de n'être pas trop grosse, car il occupait les trois quarts de la banquette.

L'examen dura longtemps. Nous regardions ses gestes en silence. Il finit par s'asseoir à la table où mon père lui avait servi un canon de vin. Il but, se passa le revers de la main sur les lèvres, nous regarda les uns après les autres et hocha la tête.

« Bon, continuez les cataplasmes, mais pas trop chauds, et les tisanes. Vous y mettrez une pincée de ça, » dit-il en sortant un petit flacon de poudre blanche de sa sacoche.

Puis il entraîna ma mère dehors. Je les suivis.

« Il ne passera pas la nuit, les poumons sont complètement pris. Vous m'avez appelé trop tard, nom de Dieu ! »

Et il frappa du pied le sol de la terrasse qui trembla sous le coup.

« Madame Véron, il faut me faire venir au début de la maladie, pas à la fin. Vous pouvez appeler le curé, si vous voulez. »

Ma mère avait pris comme un coup de massue. Elle s'appuya sur moi en sanglotant. Je ne pus retenir mes larmes non plus. J'eus l'impression qu'elles me giclaient des yeux sans que je puisse rien y faire.

Je repartis dans le cabriolet du docteur jusqu'à Rocher, pour demander le curé. Prades, qui était sans doute franc-maçon, me déposa un peu avant l'église, en me recommandant bien de ne pas dire que c'était lui qui m'avait amenée jusqu'ici. Le curé vint, sans enfant de chœur cette fois, et je dois dire que je n'avais guère envie d'imiter le corbeau. À la maison, autour du lit de mon frère, il fit sa petite cérémonie et s'en alla.

On transporta mon frère dans la chambre de mes parents. Mon père fit la première veille jusqu'à minuit. Ma mère et moi, la tête sur la table, ne pouvions pas dormir. Par la porte laissée ouverte, on entendait la respiration de Vital qui était devenue sifflante. On avait l'impression que l'air n'arrivait plus à pénétrer dans ses poumons. J'allais remplacer mon père sur la chaise, près du lit. À la lueur de la lampe à pétrole, je vis son petit visage tout cireux et ses narines pincées. Ses yeux étaient clos. Soudain, il cessa brusquement de respirer. Cela dura un moment, puis il sembla suffoquer. Il se fit un grand bruit dans sa poitrine, comme quelque chose qui se déchire, et la respiration reprit, sifflante et difficile. Je m'aperçus, tout à coup, qu'un autre bruit, régulier celui-là, se mêlait au sifflement. Après un instant de surprise, je compris que c'était ma mémé Teston qui ronflait dans le lit d'à côté. Je me pris à sourire. La respiration de Vital s'arrêta de nouveau, mais plus longuement cette fois. Son corps se redressa dans un dernier effort pour aspirer l'air, ses yeux s'ouvrirent, sa bouche murmura des mots que je ne compris pas. Il retomba sur l'oreiller. Un mince filet sombre coulait de ses lèvres vers son menton. C'était fini, je le savais. Je me mis à pleurer, courbée en deux sur mes genoux. Mes parents entrèrent dans la chambre. Ma mère me mit la main sur l'épaule. Nous restâmes longtemps ainsi. Je sentais son chagrin, son corps était secoué de spasmes, mais ça ne faisait pas de bruit.

Elle fit alors ces gestes que je n'avais encore jamais vu faire, et qu'elle avait appris de sa mère. Elle maintint un moment les paupières fermées, attacha un mouchoir sous le menton, pour effacer le dernier rictus, et mit de l'eau à chauffer pour la dernière toilette. Ces gestes, je devais les faire si souvent après elle, pour mes morts, et il y en a eu ! Pauvre Vital ! Dix ans et demi ! Il avait juste dix ans et demi. Il avait toujours été un peu souffreteux, bien sûr ! Mais quand même ! Je sentais ma mère en colère contre le monde entier, mais surtout contre elle-même. Elle s'en voulait de ne pas avoir appelé le médecin plus tôt. Mon père aussi pleurait, et la mémé Teston qu'on avait réveillée. On enterra Vital dans la fosse commune, au cimetière de

Chassiers. Ce fut un vrai crève-cœur que de voir le petit cercueil de bois blanc au fond du trou. Mon pauvre petit Vital, si gentil, si innocent ! De sa mort, je ne me suis jamais consolée.

La vie reprit : le travail, les chèvres, la terre, la vigne, les oliviers. Mon père restait plus à la maison, mais il passait de longs moments à palabrer avec les voisins. Ma mère ne cessait de le houspiller. La mémé commençait à radoter. Je racontais la vie à Paris, la tante Amélie, l'atelier, les tissus, les toilettes. Je ne dis rien de monsieur Gaston. Je décrivais la grande ville, ses lumières, ses monuments, la visite du tsar de toutes les Russies. Mon père me demanda si j'avais vu les fameuses voitures sans chevaux, dont on lui avait parlé, à Largentière. Il n'y croyait pas.

« Mais si, lui dis-je, j'en ai vu deux. » C'était vrai, j'en avais vu deux. Les gens s'attroupaient tout autour. Ça pétaradait abominablement et, par un petit tuyau derrière, ça crachait une fumée affreuse, sale et malodorante. Mais ça marchait, je ne sais comment, mais en tout cas, sans chevaux. Mon père n'en revenait pas.

« Il faudra que je voie ça, répétait-il, une voiture sans chevaux. Crénom ! C'est incroyable ! »

J'étais allée rendre visite à mes connaissances. Partout on me recevait avec gentillesse, mais aussi avec un brin d'envie. Je voyais la jalousie dans les yeux des femmes, quand elles apercevaient des morceaux de ma toilette, et pourtant ma mère me faisait mettre ma robe la plus simple. Je me remis au travail de la maison. Noël fut triste sans Vital. Romain grandissait, mais j'étais moins attachée à lui. Je le trouvais un peu *gingillou*, moqueur et malin. Il adorait faire des farces et je ne les appréciais guère, du moins quand elles s'exerçaient à mes dépens. À côté de ça, toujours gai, toujours en train de chanter :

« Marion, Mariounetta, t'agrada la flouretta… » La neige tomba en janvier et resta quinze jours, ce qui était exceptionnel.

Et toujours pas de lettres de Paris. Ma mère commençait à s'inquiéter. Elle me faisait des questions. Je répondais évasivement. Elle trouvait la situation pas claire du tout. Elle voulait que j'écrive. Je fis traîner l'affaire jusqu'à la Chandeleur. En fait, Paris ne me manquait pas vraiment. Bien sûr, la vie y était plus facile qu'ici, mais je m'y étais sentie bien seule, surtout les derniers temps. Je me décidai à écrire en voyant que ma mère voulait me faire réembaucher à la Fabrique. Et ça, je ne le voulais pas. J'étais partie si heureuse, on m'avait tant enviée que j'avais peur des moqueries de mes anciennes camarades. Quinze jours plus tard, ma lettre revint avec la mention « N'habite plus à l'adresse indiquée. » Je restai abasourdie. J'avais beau préférer La Rouvière, j'avais beau me dire que je ne convenais pas à la tante Amélie, j'avais tout de même vaguement espéré entrer dans le monde de la richesse. Une deuxième lettre revint de même. Ma mère fulminait.

« Ça, c'est bien d'Amélie ! Elle me demande ma fille et puis elle disparaît. *Macarel* ! — dans sa bouche, c'était un gros juron — qu'est-ce que nous allons devenir ? »

Je comprenais que ma mère ne voulait pas nourrir une bouche inutile. Elle avait cru, elle aussi, à la richesse facile, tombée du ciel, et elle en avait escompté quelques profits pour ses vieux jours. Soudain tout s'évanouissait, tout fichait le camp. Elle m'en voulut. Elle se mit à me questionner, à me chercher des noises, des querelles pour un oui ou un non. L'air de la maison devenait lourd. Je comprenais pourquoi mon père s'en allait parfois à Largentière. Ma mère avait un caractère de cochon. Je finis par lui raconter monsieur Gaston et les gloussements d'Amélie, car elle me rendait responsable de l'échec de ses rêves.

Fin avril, elle prit le taureau par les cornes :

« Voilà. Il ne faut plus compter retourner à Paris maintenant. C'est fini. Si Amélie avait voulu de toi, elle aurait écrit. Je me demande ce que tu lui as fait pour qu'elle te renvoie comme ça. »

Elle ne me laissa pas le temps de protester.

« De toute façon, tu ne crois pas que je vais te garder à la maison sans rien faire ! Voilà six mois que tu manges mon pain sans rapporter un sou. Tu m'aides, c'est vrai, mais il faut que tu travailles. Veux-tu, oui ou non, retourner à la Fabrique ? »

Je n'hésitai pas. C'était non.

« Bon, alors je vais écrire à ma sœur Rosalie. Elle me dit, dans sa lettre de Nouvel An, qu'elle a bien du travail dans son café de Pont-de-Lignon. C'est en Haute-Loire. Si elle peut t'employer, tu iras».

Il n'y avait pas à discuter.

« En attendant, puisque tu as appris un peu de couture à Paris, tu coudras des boutons militaires. »

Je ne répliquai rien. Ces boutons militaires, c'était la dernière marotte de ma mère. Le *marcelot* des chaussettes avait cessé de venir pendant deux saisons. Un autre était passé, qui proposait des pantalons militaires auxquels il fallait coudre des boutons pour les bretelles et les braguettes. C'était encore plus mal payé que les chaussettes mais, comme avait dit l'homme, on travaillait pour la patrie, et comme ça, on les aurait, ces sales Boches.

Quand j'y repense, j'étais dans une période bizarre de ma vie. Je ne savais pas ce que je voulais. La mort de Vital, la disparition de ma tante m'avaient laissée un peu désemparée. J'avais à peine dix-sept ans, j'avais fini de grandir, je m'étais faite, comme on disait. Mais il me fallait un peu de temps pour digérer Paris, le tsar, monsieur Gaston, les belles robes, pour récupérer l'énergie que j'avais avant et pour reprendre la vie à bras le corps. Je cousis des boutons pendant un an, jusqu'à en avoir de la corne au bout des doigts. Puis, Rosalie et son mari voulurent bien me prendre, et je repartis. On était au printemps 1898. J'allais avoir dix-huit ans.

V

ROSALIE ÉTAIT TOUT SIMPLEMENT la dernière sœur de ma mère. Elle avait été placée comme domestique à Lyon. Là, au parc de la Tête d'or, elle avait rencontré un jardinier bien avenant : Ferdinand Douplat. Ils s'étaient plu, fréquentés et mariés. Après avoir mis de côté un petit magot, l'oncle Douplat qui était de la Haute-Loire avait voulu revoir son pays. C'est à Pont-de-Lignon que Rosalie et Ferdinand tenaient leur bistrot, près de la gare. On avait construit la voie ferrée de Saint-Étienne au Puy-en-Velay une trentaine d'années auparavant. On y exploitait des carrières et les carriers sont des « soiffards » de première. Les pierres étaient taillées en pavés qui montaient à Paris par le train pour la propreté des rues de la capitale.

Pont-de-Lignon, ou Confolent plutôt, est un village aux bords de la Loire. Une petite rivière, le Lignon, se jette dans le fleuve sous un pont suspendu tout neuf, aux tours crénelées de briques. La gare est rive gauche, sur la route qui monte à Beauzac, la commune. À 1 kilomètre en remontant le Lignon, on trouve la grand-route empierrée Lyon-Toulouse, qui mène d'un côté à Monistrol, le canton, et de l'autre à Saint-Maurice, une autre commune. La localité est donc partagée entre trois bourgades. Au-dessus de la grand-route se dresse la falaise rouge et blanche d'où l'on extrayait la pierre. Les explosions de mine étaient fréquentes et les coups de pics résonnaient contre les parois de la montagne. Plus de cent ouvriers travaillaient aux carrières. Dix-huit trains s'arrêtaient à la gare chaque jour, dans un sens ou dans l'autre. Cela faisait donc beaucoup de monde et le bistrot de ma tante et de mon oncle était assez fréquenté, d'autant qu'il y avait quelques pavillons sur la route de Beauzac (des retraités de la Mine de Saint-Étienne) et deux fermes qui se partageaient les champs, le long de la Loire. Tout a bien changé depuis ce temps. Enfin, c'est comme ça !

La tante et l'oncle Douplat étaient vraiment très gentils. Lui était doux et calme, prenant son temps pour faire chaque chose posément et bien. Jamais une parole plus haute que l'autre. Il adorait sa femme, « ma Rosalie » comme il disait. Elle, elle lui ressemblait. Toujours tranquille, s'activant doucement, elle allait son petit bonhomme de chemin. Quand on les voyait passer, au bras l'un de l'autre, à petits pas, les gens disaient : « En voilà deux qui ne vont pas s'envoler. »

Cette ambiance détendue me changeait de La Rouvière où ma mère menait tout son monde tambour battant. J'appréciais d'autant plus le calme de cette maison que je suis moi-même assez emportée. En fait, c'était surtout l'arrivée des trains qui amenait la bousculade des clients. Le reste du temps, on entendait voler les mouches dans la salle, autour des quatre joueurs de manille qui buvaient leur fiole de rouge, en tapant le carton sur un tapis Cusenier.

Je me mis donc à servir des canons, c'est ainsi qu'on appelle le verre de vin ici. J'appris à remplir les bouteilles, les pots disait l'oncle Douplat qui avait vécu à Lyon, aux robinets des tonneaux, bien rangés sur les *marchons* de la cave. Il fallait laisser entrer un peu d'air dedans, sinon ça ne coulait pas, puis soigneusement remettre la *guille*. C'était un petit bout de bois pointu qu'on enfonçait dans la bonde, faite d'un bouchon entouré de vieux chiffons.

On servait du rouge et du blanc, du Pernod, de la limonade, un peu de cognac et de kirsch, mais surtout de la gnole de pays.

« Donne-moi une petite goutte, Antoinette. » Les gens plus âgés que moi me tutoyaient, naturellement. J'apportais la bouteille et le petit verre de forme biscornue, bien renflé à la base, mais au cul plein et qui donnait ainsi l'impression de contenir plus. Les matins d'hiver, quand le brouillard stagnait sur la Loire, pour se réchauffer, on buvait une petite goutte. On en rebuvait une après le café, et une autre avec le repas de midi, et une encore le soir, parfois deux. Ça faisait beaucoup de gouttes. Et je ne parle pas du vin ni des apéritifs. Les hommes buvaient. Les femmes aussi de temps en temps, mais beaucoup moins. On voyait régulièrement des ivrognes tituber sur le bord des chemins. Parfois, il fallait en jeter à la porte, et leurs gestes ralentis mais toujours un peu menaçants m'ont fait peur plus d'une fois. Je m'y suis enfin habituée, on s'habitue à tout. Je me mis à la cuisine aussi, mais j'étais surtout chargée d'assurer le service de la salle, car la maison faisait un peu restaurant.

Naturellement, l'arrivée d'une jeune fille dans un bistrot attire la pratique. Mon oncle et ma tante avaient bien dû y penser. Ma tante me mit toutefois en garde contre les hommes et leurs mains qui traînent sous les tables. Je me faisais bien « tâter le panier » de temps en temps, mais je répliquais généralement par une gifle bien appliquée, et Dieu sait si j'avais la main leste, au moins autant que la taille fine, disait mon oncle. Le bruit courut que je ne me laissais pas faire et les hommes cessèrent de m'embêter. Cependant, j'aimais bien ce métier. J'aimais écouter les conversations des clients, écouter leurs compliments et me mêler à ce qui se disait. J'appris ainsi tout ce qui concernait la vie du hameau, mais aussi des nouvelles de la commune, du canton et même de Saint-Étienne, la grand-ville. J'aimais aussi les regards des clients et leurs sourires engageants. J'étais un peu coquette, mais il ne fallait pas me toucher.

Certains samedis soirs d'été, on faisait venir un violoneux et on donnait le bal dans la grande salle du café ou dehors sous la terrasse de tilleuls. L'ennui, c'est que je ne pouvais jamais danser, ou rarement. Il fallait que je serve les consommations. Je dansais avec mes bouteilles et mes verres pleins, pour éviter les couples qui tournaient, serrés sur la piste. Vers la fin de la soirée généralement, j'acceptais l'invitation d'un client, un jeune homme de préférence, et nous dansions une valse, une polka ou une bourrée. Parfois, un homme plus âgé m'invitait. Je ne pouvais pas refuser, s'il s'agissait d'un client régulier. Ça ne se faisait pas. Ils me serraient tous d'assez près et j'avoue que j'aimais bien sentir un bras solide autour de ma taille qui se cambrait légèrement, car j'éloignais toujours un peu mon visage de celui de mon danseur. Je connaissais les bisous dans le cou et le chatouillis des moustaches sur la nuque, et je savais qu'après cela il n'y a plus moyen de se débarrasser d'un homme. Il vous croit consentante et vous importune de plus belle. Il y avait des bandes de garçons qui venaient de Beauzac : Auguste Pignon, Pierre Plantin, Matthieu Berger et ses deux frères, François et Eugène. Il en venait de Saint-Maurice, Pétrus Guillot, Jacques Sagne, Claude Martin et Jean-Baptiste Blachon, bien sûr !

Il venait des filles aussi, dont certaines devinrent mes amies : Claudia Brun de Grand, une grande ferme au-dessus de Confolent, Eugénie Pivot, de Chazelle, et sa sœur Léocadie, Pétronille Maisonneuve qu'on appelait la Pétro, Zoé Boiron, de la Côte et Joséphine Tardy, du Boucher. Toute cette joyeuse compagnie se donnait du bon temps. On riait, on buvait mais pas de trop, on dansait, avant de retourner au travail de la ferme ou de la papeterie qui venait de s'ouvrir à Pont-de-Lignon, de l'autre côté de la Loire, et où les frères Lumière de Lyon faisaient fabriquer le support glacé de leur papier photographique.

Je m'étais remise à présent de mes idées de grandeur parisienne, même si j'avais conservé longtemps l'espoir d'un appel de ma grand-tante couturière. Je m'étais fait une raison. C'est vrai que cette vie luxueuse à seize ans m'avait un peu tourné la tête. Les boutons de l'armée m'avaient remis les pieds sur terre, et le calme de la maison Douplat, loin de ma mère et de mon père, achevait de me faire mûrir. Les belles robes de Paris étaient usées ou démodées, et j'étais allée m'en faire tailler deux chez une couturière de Monistrol, madame Souvignet, qui avait un bon coup de ciseaux. Le résultat fut fort honnête, sans plus, mais pour la campagne, c'était bien suffisant. Tout compte fait, j'étais heureuse, je faisais ma pelote, comme on dit, avec les quelques sous que me donnaient l'oncle et la tante. Cependant, je les poussais à ouvrir un hôtel, car il n'y en avait pas à Confolent, et de nombreux voyageurs demandaient à coucher. Mais ils ne voulaient pas. Les revenus du café et des repas leur suffisaient. Moi, au contraire, j'avais de l'ambition et je ne comprenais pas pourquoi ils n'osaient pas se lancer. Quand je revenais trop souvent sur ce chapitre, l'oncle me disait :

« On est trop vieux, nous autres. Quand tu te marieras, on te laissera le café, puisqu'on n'a pas d'enfant, et tu feras à ta guise. »

Mais ça ne me calmait pas et je les houspillais un peu, mais pas trop cependant, car ils étaient bons.

Tout doucement le siècle finit, et on fut en 1900. J'avais vingt ans. Vingt ans à la Belle Époque, comme m'a dit plus tard un de mes petits-fils, avec un peu d'envie dans la voix. La Belle Époque ! Elle ne l'était pas pour tout le monde. Les gens devaient travailler dur pour gagner leur vie, nourrir leur famille et survivre tout simplement. Il y avait des riches, bien sûr, qui roulaient en voiture sans chevaux et qui avaient des domestiques et des bonnes pour leurs enfants, et qui partaient en villégiature à la campagne ou à la mer. Il y avait des pauvres aussi, des misérables à qui on faisait l'aumône d'une soupe chaude, d'un quignon de pain et d'un verre de vin, et qui repartaient sur les routes, après avoir dormi à la grange, dans le foin, ou dans l'écurie. Un soir il en vint un qui n'osait pas entrer dans la salle du café. Il était sale et barbu, son pantalon était déchiré. Ma tante me fit lui porter une assiette, sous le tilleul où il était assis. Il ne me regarda pas. Il mangea la soupe, partagea le pain en deux morceaux, l'un qu'il mâcha lentement, l'autre qu'il mit dans sa musette. En partant, il me baisa la main en se mettant presque à genoux ; et ce n'était pas par galanterie. Il n'avait sans doute rien mangé depuis plusieurs jours. Quelle misère ! Je ne l'ai jamais oublié.

1900 : c'étaient aussi les enfants couverts de poux, à qui on rasait la tête comme aux bagnards ; c'étaient les vignerons qui vendaient mal leur vin, les paysans qui vendaient mal leurs pommes de terre et leur seigle, les ouvriers du train en grève et les gendarmes à cheval, qui chargeaient sabre au clair.

Monsieur Loubet, dont le portrait ornait le calendrier des Postes, avait remplacé Félix Faure à l'Élysée. Les pioupious en veste bleue et pantalon rouge faisaient la fierté de chaque village, quand ils venaient en permission. On parlait des juifs, au nez aussi crochu que les doigts, qui trahissaient l'armée, comme un certain Dreyfus dont le *Nouvelliste* avait publié la photographie. J'ai entendu dire, plus tard, que c'était faux et qu'on l'avait envoyé à Cayenne injustement. On parlait aussi beaucoup du péril jaune, ces Chinois qui pullulaient sur les bords du fleuve bleu, et qui, un jour, se répandraient sur l'Europe, comme les Huns d'autrefois. En 1900, on avait un poulet pour 5 sous, au marché, et chez le pâtissier, pour 2 sous, un gros chou à la crème, avec beaucoup de pâte et beaucoup de crème. Mais on ne pouvait pas manger du poulet tous les jours, parce que 5 sous, c'était quelque chose.

À l'époque, j'étais insouciante de tout cela, mais j'étais volontaire, je voulais gagner de l'argent, ne plus être pauvre. Je travaillais dur, je n'avais pas peur de me coucher tard ni de me lever tôt. Toujours les deux mains occupées, je faisais des milliers de pas dans mes journées. Je n'avais pas toujours bon caractère, mais j'étais vaillante, on ne pouvait pas le nier.

Je fis une petite fête avec mes amies, un soir où on avait fermé le café un peu plus tôt. J'avais préparé des gâteaux, du café, du vin blanc, et ma tante

Rosalie m'avait fait cadeau d'une bouteille de Marie Brizard. On dansa en chantonnant, on causa. Pauline Giraudon nous annonça ses fiançailles prochaines avec le fils Dumas, l'Hippolyte. Elle rougissait en le disant. Tout le monde savait bien pourtant qu'elle allait le retrouver tous les soirs, derrière un tas de paille du champ clos, près de la ferme de son père. On cancana. On se moqua des unes et des autres. Pétronille Maisonneuve, qui ne me craignait guère et que j'aimais bien, me souhaita bien vite un amoureux, et elle dit aux autres, d'un air entendu, qu'elle connaissait quelqu'un de Saint-Maurice qui pourrait bien faire l'affaire. Je fis la sotte, je rougis. Je savais bien de qui elle voulait parler. Mais comme il ne faisait que me regarder, l'œil humide en lissant sa moustache, et qu'il ne m'avait jamais adressé la parole, je faisais comme si je ne le connaissais pas.

Quelques jours plus tard, j'eus une belle surprise. Il était à la gare, en train de surveiller l'embarquement d'un wagon : son père était expéditeur en pommes de terre et paille. Il vint jusqu'au café avec ses deux employés et, tandis que ses deux hommes s'attablaient, il s'approcha de moi, au comptoir où je séchais des verres, me dit bonjour et ajouta :

« Eh bien, bon anniversaire, Mademoiselle Antoinette ! »

Je répondis « Merci », la voix un peu nouée de surprise. Lui aussi avait la voix bizarre, quand j'y pense, et il était rouge comme un pétard. Il se dandina un peu sur ses jambes, et l'arrivée de ma tante, depuis la cuisine, le fit aller s'asseoir avec les autres. Il faisait un bel homme, dans les vingt-cinq ans, un peu court sur pattes, mais le torse large et les épaules carrées. Il avait de grandes mains, avec des doigts curieusement courts, un peu blanches encore, je dirai pourquoi. Il s'agissait bien sûr de Jean-Baptiste Blachon de Saint-Maurice.

C'est de ce jour-là que date notre rencontre. Naturellement, nous ne sommes pas tombés dans les bras l'un de l'autre tout de suite. En 1900, il fallait un certain temps. Le garçon tournait autour de la fille au moins six mois. On se donnait des rendez-vous en cachette. À partir de là, on *fréquentait*. Tout le monde était au courant, et pourtant rien n'était officiel. Ensuite les fiançailles où on présentait les familles et où le garçon offrait la bague, et enfin, quand les tourtereaux avaient quelques meubles et un logement, quand le garçon avait un emploi, quand la fille avait terminé son trousseau, alors on pouvait songer à se marier. Il ne fallait pas être trop pressé. Bien sûr, il y avait des exceptions. Certains se mariaient en catastrophe, car la fille était en position intéressante, comme on disait. Les commères jasaient un peu, et puis on oubliait, pourvu que l'on soit passé devant le maire et le curé.

Ce que je découvris un peu plus tard, c'est que notre rencontre ne s'était pas faite par hasard. Les familles s'étaient déjà mises d'accord avant nous. Je veux dire que le père Blachon était allé voir une marieuse, la mère Grasset du Chambonnet, qui avait passé en revue toutes les filles en âge, dans la commune et les villages alentour. J'étais dans la région depuis deux ans seulement, mais elle m'avait recensée, car mon oncle et ma tante étaient connus, et le café, dans un hameau, c'est un peu le point de ralliement de tous. Elle avait questionné le père sur les goûts du garçon, ses aptitudes, l'argent qu'on lui donnerait, les espérances à venir. Elle avait fait un premier tri, avait proposé des noms. Ensuite, elle avait approfondi son enquête sur chacune des filles susceptibles de faire l'affaire. Je dus plaire puisqu'un beau soir la mère Grasset débarqua chez mon oncle et présenta la proposition. On m'avait envoyée ailleurs, je ne sus rien. Donc le fils Blachon voulait se marier et son père faisait demander si on verrait un inconvénient à ce qu'il s'intéresse à Antoinette Véron.

Le tonton Douplat avait laissé parler sa femme : c'était ma vraie tante, après tout.

« Ma foi, qu'il essaye. S'il lui plaît, ça peut se faire. Les Blachon ne sont pas de mauvaises gens — ce qui voulait dire que la famille avait du bien et pas de tares trop apparentes —, ma Toinon est une perle, propre, vaillante et tout. Mais elle a une sacrée caboche ! »

C'est peu après cette visite que Jean-Baptiste m'adressa la parole. Il ne me déplaisait pas, loin de là, mais j'étais méfiante. Ma mère m'avait tant fait la leçon sur les hommes, et puis le souvenir des matrones de Largentière, à la Fabrique, était bien présent dans ma tête. On avait raison d'être sur ses gardes. Enfin, cahin-caha, on fit connaissance. Je perdis de ma réserve et lui de sa timidité, si bien qu'en janvier 1901, lorsque je partis, comme chaque année, visiter ma famille à La Rouvière, je remis une lettre de la tante Rosalie à mon père et à ma mère. Celle-ci commença par dire que j'avais bien le temps, que j'étais bien pressée, mais tout compte fait, elle n'avait pas l'air mécontente. Mon père était souriant, comme d'habitude, à l'idée de faire un voyage et une bonne fête.

« Halte-là, ça n'est pas pour tout de suite. Il faut voir à voir ! » répliqua ma mère.

Elle veillait au grain. Durant mon séjour, elle m'espionna, me questionna sans cesse. Ce fut pénible. Mon père se contentait de me répéter :

« Il te plaît, il te plaît vraiment ? Alors épouse-le, ma petite, épouse-le. »

Avant mon départ, ma mère me remit une lettre pour sa sœur où elle demandait des précisions, financières essentiellement. Elle dut obtenir satisfaction, puisque nous nous mariâmes en janvier 1903.

Jean-Baptiste était né en 1875. Il avait un frère et une sœur plus jeunes. Son père tenait donc un commerce de paille et de pommes de terre. Il achetait aux paysans et expédiait à ses clients dans la région lyonnaise. C'était un bon métier et qui rapportait pas mal. Mais la première idée du père était de faire de son fils aîné un curé. Après le certificat, il l'avait donc placé au petit séminaire de Monistrol ; on l'appelait ici le collège. À l'inverse de mon Ardèche natale, ce coin de Haute-Loire est très porté sur la religion. Les églises accueillent autant d'hommes que de femmes. Les processions sont nombreuses et suivies, et le métier de curé nourrit bien son homme. Jean-Baptiste avait donc appris le grec et le latin, la littérature, la philosophie et la théologie. En 1895, il avait passé son baccalauréat avec succès. C'était une tête. Il était réfléchi et intelligent. Il adorait les livres et passait la moitié de sa vie dedans. À vingt ans donc, il s'était rendu compte qu'il n'avait pas la vocation. Son père se mit en colère, mais il n'y eut rien à faire, il ne voulait pas être curé. Eh bien, il prendrait la succession de son père, ma foi ! C'est ainsi qu'il se retrouva commerçant. Il avait, entre temps, effectué son service militaire à Avignon, trois ans cantonné dans le palais des Papes. Il y avait fait la connaissance d'un ami très cher, avec qui nous devions rester longtemps en relation, Fortuné Lilamand, natif de Maillane, et qui se trouvait être le voisin du poète félibrige Frédéric Mistral. Lors d'une permission, Jean-Baptiste était allé rendre visite au grand homme, et il en gardait un souvenir ébloui. Au collège, il avait appris la musique (les curés chantent à l'église) et, à l'armée, il était dans la fanfare et jouait de la trompette. C'était un bon musicien. Il fonda plus tard l'Harmonie municipale de Saint-Maurice qu'il dirigea plus de dix ans. C'est donc un savant et un artiste que je me mis à fréquenter en 1901.

À présent, il venait me voir régulièrement au café, presque tous les jours, car il avait à faire à la gare. De temps en temps, il m'apportait des fleurs et il avait le privilège d'être invité à s'asseoir à la cuisine, loin des curieux, mais toujours en présence de ma tante ou de mon oncle. Cette surveillance nous pesait parfois. On se donnait alors des rendez-vous en cachette, derrière le mur du jardin, dans un pré qui descendait jusqu'à la Loire. Un soir que j'étais parvenue à m'éclipser et à le rejoindre, pendant que l'oncle et la tante comptaient la recette de la journée et rangeaient des factures, nous allâmes nous promener près de la rivière. Il faisait un peu frais et assez sombre. Nous nous donnions le bras et marchions lentement, sans rien dire. Je frissonnai et, un peu involontairement, me rapprochai de lui. Il m'entoura la taille de ses grandes mains et se mit à m'embrasser.

Je reculai, il s'écarta de moi et nous nous regardâmes. Il avait les yeux brillants, la moustache un peu en bataille et les lèvres entrouvertes. J'eus l'envie de me serrer contre lui, de me faire toute petite contre sa poitrine, et c'est ce que je fis. Il me plaqua contre son gilet de velours qui sentait un peu fort la sueur et la poussière. J'étais bien, malgré les deux boutons de métal qui me rentraient dans la joue. J'aurais voulu que le temps s'arrête. Il se mit à me caresser les cheveux et le cou et ce fut très bon pendant très longtemps. Comme il était timide et à peu près aussi expert qu'un séminariste, il n'osa rien de plus et je crois que je fus un peu déçue et soulagée en même temps, car je n'eus pas à faire semblant de défendre ma vertu qui, je le sentais, n'aurait pas résisté bien longtemps. Je rentrai en courant, le chignon en bataille, et montai vite me coucher pour ne voir personne.

La tante Douplat qui m'aperçut montant l'escalier me cria bien quelque chose, mais je fis celle qui n'avait pas entendu, et elle eut le bon goût de ne pas me poser de questions le lendemain. Sur mon lit, je pensai : « Ça y est, je l'aime, je l'aime, c'est sûr. » Et une grande chaleur me prenait de partout. Je sentais sa main sur mon visage et l'odeur de son gilet, j'avais quand même fini par déplacer ma joue pour éviter les boutons de métal, c'était merveilleux. J'eus soudain très envie de me marier, vite, vite ; hélas, il fallut encore attendre presque un an, mais nous eûmes beaucoup d'autres promenades aux bords de la Loire, où il sut se montrer plus dégourdi et moi bien moins sage. En tout cas, pendant que j'étais tout à mes émotions, mon pauvre Jean-Baptiste montait à pied, dans la nuit. Il y avait une bonne lieue jusqu'à Saint-Maurice. Son père le surveillait mais, avec la complicité de son frère, il parvint toujours à dissimuler ses escapades. Il cachait une échelle dans le jardin et il montait ainsi se coucher, sans avoir à se faire ouvrir la porte de devant. Il eut très peur, une nuit, car le chien se mit à aboyer et à lui faire fête, et il dut lui *racler* un grand coup de pied pour le faire taire. À cette époque, il fallait être bon marcheur pour être un bon amoureux. Je crois bien qu'un jour il fit cinq fois le trajet aller-retour, dont deux fois pour me voir. Il ne fit bien sûr rien d'autre de la journée. Ah, c'est beau l'amour, tout de même ! Personne n'avait jamais fait ça pour moi.

Les fiançailles officielles eurent lieu en 1902, le 17 juin. Mon père et ma mère étaient venus deux jours plus tôt de La Rouvière, avec Romain et la mémé Teston. On avait installé les deux hommes à la grange et j'avais cédé mon lit aux deux femmes. Je m'étais *acagnardée* dans la souillarde, sur une paillasse. On passa une journée entière à la cuisine, car il fallait que je montre mon savoir-faire et que j'épate la famille du futur. Ma mère était ravie de retrouver sa sœur et celle-ci de voir sa mère, ce qui fait que je m'appuyai tout le travail. J'avoue que je le fis d'un cœur léger, car j'avais la tête pleine de bonheur.

Je fis connaissance avec la famille Blachon, ou plutôt avec ma belle-mère car, pour les autres, je les connaissais déjà. La fille avait mon âge, à quelques mois près, et le *quassou* deux ans de plus que mon petit Romain, qui venait d'avoir ses quatorze ans. Ces Blachon se ressemblaient tous, courts sur pattes, mais buste long. Assis, ils étaient plus grands que tout le monde et, debout, ils retrouvaient une stature normale. Les futurs beaux-parents ne se déplurent point trop, et j'assistai, amusée, à la cuisine, à une belle empoignade de mots entre ma mère et celle de Jean-Baptiste : cette dernière vantait son fils, son instruction et la belle situation que lui laisserait son père. De plus, il était gentil, attentionné, ne buvait pas, était sérieux et en bonne santé. D'ailleurs la famille n'avait aucune tare, aussi haut qu'on remontât, tant du côté paternel que maternel. Ma mère, pour n'être pas en reste, parlait de ma vaillance, de mon habileté manuelle, de mon esprit d'entreprise, de mon voyage à Paris et des espérances qui ne tarderaient pas à me venir, un jour prochain. La mère Blachon reprenait ses litanies : « Et mon Jean-Baptiste est si ceci, et mon Jean-Baptiste est si cela, et quand il était petit, et quand il apprenait au collège et *patin-coufin.* » Je sentais que ma mère s'énervait. Ses réponses étaient plus sèches, plus emportées. On frôla l'incident quand on se mit à parler de religion. Chez nous, à part la mémé Teston qui radotait et ma tante Douplat qui ne voulait pas fâcher son mari ni perdre de clients, personne ne pratiquait. Chez les Blachon au contraire, on était un peu calotin. Ma mère finit par dire que je n'étais pas une sauvage, que j'étais baptisée, et qu'en épouse soumise, j'obéirais à mon mari. Épouse soumise, on verrait plus tard !

Le mariage fut fixé fin octobre, pour ne gêner les affaires de personne. Et puis patatras ! Voilà qu'en juillet ma mémé Teston tombe malade, et que ça va de plus en plus mal. Ma mère m'écrit, et je pars avec ma tante Rosalie, pendant que l'oncle Ferdinand garde la maison. On est arrivé juste pour lui voir fermer les yeux. Ça m'a fait de la peine. Ma pauvre mémé Teston ! Je me rappelais les chèvres et les chapelets et les histoire de loup-garou, et quand elle ronflait, la nuit. C'était bien malheureux pour tout le monde. L'ennui, c'est qu'il fallut retarder le mariage de trois mois, pour le deuil. Ça ne faisait pas notre affaire, à Jean-Baptiste et à moi, mais enfin, on avait quand même les petits tours derrière le mur du jardin. La nature, c'est bien difficile d'aller contre !

Le mariage fut affreux. Huit jours durant, il fallut payer à boire à toutes les pratiques du café, et certains « soiffards » venaient dix fois le jour.

Il fallut subir les plaisanteries et les bisous moustachus de tous les hommes qui passaient et ceux mouillés des femmes, offrir les dragées ou la prise de tabac, répondre, remercier, être aimable, sourire à tout un chacun. Tout cela m'impatientait, et j'avais bien du mal à me retenir et à ne fâcher personne. Le samedi 22 janvier 1903, je me levai donc à cinq heures du matin, avec ma mère et ma tante. On avait embauché la Gelette Martin et sa sœur pour la cuisine, les deux frères Gaubert pour le service et la femme du Toine à la vaisselle. On avait installé la table la veille (cinquante-deux couverts), en U : le fond pour les mariés et leurs parents, à gauche la famille Blachon, à droite la famille Véron. Trois assiettes, quatre verres, l'argenterie, les serviettes damassées, on avait sorti le grand jeu. L'oncle Douplat avait mis les bouteilles de blanc au frais et aligné les chopines de rouge. Le champagne attendait les pains de glace, qui devaient arriver de Saint-Étienne, dans un grand baquet de bois.

Ma mère et ma tante vinrent m'aider à ma toilette. C'était une robe noire en taffetas que j'avais cousue moi-même, avec l'aide de madame Souvignet, la couturière de Monistrol. Nous l'avions choisie sur des journaux de mode, et elle me rappelait, par sa forme, la fameuse robe mauve dont ma tante de Paris m'avait fait cadeau, quelques années auparavant. Ma tante me coiffa les cheveux en chignon très serré, pour que je puisse mettre la coiffe noire et blanche en dentelle du Puy. Je mis un grand fichu en laine blanche sur mes épaules, car il faisait froid dehors. La jupe aux reflets moirés tombait admirablement bien sur les trois jupons, dont un amidonné, que j'avais passés sur un corset très étroit qui me faisait réellement la taille de guêpe.

À partir de neuf heures trente, je vécus tout comme dans un rêve : avant de monter à Beauzac où l'on devait passer à la mairie et à l'église, il fallut franchir la barrière, dressée par les voisins de Confolent devant la porte du café. C'était la coutume. Ils nous offrirent à boire contre rétribution bien sûr, et quand nous eûmes payé et bu, nous passâmes par-dessus un ruban tendu entre deux chaises. Mon père me souleva pour qu'on ne voie pas mes dessous, comme il disait, mais on vit quand même mon jupon et tout le monde se mit à applaudir en criant bravo. Il fallut faire des bises, se faire plaisanter et complimenter. Tout cela m'énervait mais mon père, au bras de qui j'étais, me calmait en me faisant remarquer que les gens du pays devaient bien m'aimer, ce qui était vrai je crois. On monta dans les carrioles qui nous menèrent à Beauzac où le maire fit un discours. Ensuite il y eut le cortège dans les rues du bourg jusqu'à l'église où le curé fit un sermon. À midi et demi, on s'en fut boire l'apéritif dans les neuf bistrots du pays, car il ne fallait fâcher personne et c'étaient des collègues, après tout. Mon père commençait à être bien, et ma mère le regardait avec reproche. Les autres hommes commençaient aussi à parler fort. Moi, j'étais pendue au bras de mon Jean-Baptiste, et j'étais sur un petit nuage rose. Je souriais aux anges, j'embrassais tout le monde, la vie était belle. Lui me regardait les yeux mouillés et m'embrassait de temps en temps sous la coiffe, derrière l'oreille droite, et j'aimais bien ça.

On redescendit à Confolent, moi en voiture avec Jean-Baptiste, les jeunes à pied, en chantant et en riant. À quatre heures on se mit à table. La Gelette avait tout bien préparé. Les gigots étaient à point, les volailles parfaitement dorées, les haricots bien verts, les hors-d'œuvre fin prêts sur les tables, le vin blanc frais et le rouge bien chambré. On mangea, puis on but la gnole à sept heures et demie, pour faire le coup du milieu. Au frère de ma belle-mère, on fit manger la *chabisse*, un grand navet blanc et rose, car il restait garçon alors que son neveu se mariait. On raconta des histoires en patois, que je ne comprenais pas toujours bien, car les gens d'ici prononcent un peu différemment des Ardéchois. Je me souviens d'une qui se passait ici même, entre Pont-de-Lignon et Saint-Maurice. C'était « Dzanetta et Dzanmeni que montavan en tremblant la costa du Lignou. » C'était la nuit. Une chouette chantait dans les arbres du bois de l'Herminie, et ils virent soudain une silhouette menaçante. Ils eurent très peur et se blottirent dans la boue du fossé, derrière le talus, jusqu'au matin où ils s'aperçurent que ce n'était qu'un balai, une touffe de genêts, *baronté* par le vent. En l'écoutant, je pensais à mon Jean-Baptiste qui n'aurait plus besoin de remonter à Saint-Maurice, les soirs, puisque je le garderais près de moi. On en raconta d'autres, des rudes qui faisaient rire. Enfin on dansa. J'ouvris le bal avec mon beau-père et je dus ensuite danser avec tous les hommes de la fête. Heureusement je pus aussi danser avec mon Jean-Baptiste ! Au cours de la nuit, les jeunes se mirent à sauter par-dessus des chaises, et c'était à celui qui en franchirait le plus. Les femmes causaient entre elles, les hommes parlaient politique. Ça criait, ça chantait, ça buvait, tout le monde avait l'air bien joyeux. Vers six heures du matin, ils commencèrent à partir, et on alla se coucher, bien fatigués, mais bien contents quand même, mon Jean-Baptiste et moi. On fit la grasse matinée, jusqu'à midi, heureusement ! Au lever, je me sentis un peu guettée par les gens qui étaient restés pour le retour, le *retinton* comme disait mon oncle Douplat. Mais je fis celle qui ne voyait rien et Jean-Baptiste aussi. La journée se passa plus calmement. On finit les restes de la veille, chacun s'en retourna chez lui, et ma vie de femme mariée commença : ce ne fut pas très différent d'avant, sauf que j'avais mon Jean-Baptiste.

La tante et l'oncle Douplat m'avaient laissé le café, à charge pour moi de les soigner jusqu'à leur mort. J'ai déjà dit qu'ils n'avaient pas d'enfants. Ils gardèrent leur grande chambre à l'étage, sur le devant. Jean-Baptiste et moi étions à l'arrière, au bout du couloir. Mais j'étais à présent la patronne et c'était un vrai plaisir de compter la recette tous les soirs. Mon oncle se chargeait de la cave et ma tante m'aidait à la cuisine. Toutefois j'engageai une cuisinière, Marguerite Rouchon, car je pris en pension vingt-cinq carriers du Pont et dix employés du train. À midi c'était le coup de feu, mais je n'ai jamais eu peur du travail, et ma Marguerite était vaillante. Et puis les repas étaient d'un bon rapport.

Pendant ce temps, mon Jean-Baptiste continuait à vendre ses pommes de terre et sa paille, mais à présent, il était en permanence à Confolent, et c'était bien plaisant de le sentir tout près de moi. Six mois plus tard, je me trouvai enceinte, et ça me causa bien du tracas, mais mon homme avait l'air si content que je ne pensai pas une minute à utiliser la fameuse herbe de la rue, dont mon père m'avait fourni deux bouteilles. On attendait un fils, bien sûr. Ce fut une fille, que je prénommai Marguerite-Jeanne, et que le curé Coiffier baptisa en avril 1904. Elle était bien mignonne dans sa robe blanche, avec ses grosses joues roses. J'aurais bien voulu la garder avec moi, mais le travail commandait et je dus la mettre en nourrice chez une voisine, la fille de la Gelette Martin, qui avait accouché d'un garçon quinze jours avant moi. C'était une brave femme, bien propre, et ma petite profita bien chez elle.

Mon mari était à présent à son compte. Il avait racheté l'affaire de paille à son père, et nous commencions à engranger quelques louis d'or que je déposais soigneusement à la caisse d'épargne de Monistrol. Je me mis à envisager sérieusement l'achat d'une maison qui serait à nous, lorsque je me trouvai enceinte une seconde fois. Ce n'était pas bien le moment, car la petite Marguerite-Jeanne était revenue à la maison, et elle était sans cesse pendue à mes jupes. Je la secouais rudement quand elle me gênait, et elle a pleuré plus d'une fois, la pauvre. Je me rends compte aujourd'hui que j'avais la main aussi vive que ma mère. Je n'eus pas le temps de me voir grosse pour la deuxième fois, tant le travail pressait.

J'accouchai en septembre 1907 d'un garçon un peu maigrichon qu'on prénomma Victor. Il vécut trois semaines et mourut de je ne sais trop quoi au ventre. J'eus du chagrin, mais je crois que je n'avais pas eu le temps de m'y attacher. Il devait avoir quelque chose de mal formé, car il ne grossit pas du tout durant ses trois semaines de vie, et il pleurait sans arrêt que c'en était une vraie désolation. D'ailleurs, la fille de la Gelette qui, entre-temps, allaitait son troisième, me dit, en venant le voir, qu'elle ne voulait pas le prendre en nourrice. Elle m'avoua plus tard qu'elle lui avait trouvé le masque de la mort, et je crois qu'elle avait bien vu. On l'enterra à Saint-Maurice, dans le caveau des Blachon, et la vue de ce petit cercueil me fit tout de même très mal. Mais j'avais trop pleuré sur mon pauvre frère Vital et je n'avais plus de larmes pour celui-ci. Pour mon Jean-Baptiste, ce fut affreux. Il me prit une jaunisse et dut garder la chambre un bon mois. Il était inconsolable et pleurait sans cesse son fils. Je dus prendre sur moi pour le raisonner mais je n'y parvins guère, et je crois qu'il ne s'en est jamais remis.

L'année précédente, en 1906, nous avions eu les inondations de la Loire. À présent elle ne sort plus de son lit, je ne sais pas ce qu'on lui a fait. Il paraît qu'il y a des barrages. Enfin, tout change. Rien n'est pareil. Quand je vois ces campings installés sous le pont suspendu, je me dis que si l'inondation revenait, il y en aurait des noyés ! Mais c'est comme ça et puis pas plus, comme disait ma grand-mère Teston. Alors, ce fut terrible. Il avait beaucoup plu depuis quinze jours et le niveau de l'eau avait sérieusement monté, mais pas plus que d'habitude en automne. Soudain, un soir, je me souviens qu'il faisait déjà bien sombre, j'entends courir sur la route et appeler devant le café :

« Madame Blachon, Madame Blachon ! »

J'ouvre, un peu inquiète, Jean-Baptiste n'était pas rentré. C'était Claudius Granger de Chazelles. Il rentre tout essoufflé dans la salle déserte et me dit :

« La Loire, elle monte que c'en est affreux ! Elle est presque au mur de votre jardin.

— Allons, Claudius, je dis, vous badinez, ce n'est pas possible. Elle n'est jamais montée jusque-là ! »

Voilà qu'il crache par terre :

« Ah, je vous assure, Madame Blachon. Je voulais aller au Pont pour rentrer chez moi. Voilà que je mets les pieds dans une flaque d'eau, mais une grosse, hein. Je me dis que c'est un reste de pluie. J'avance, je m'enfonce jusqu'aux genoux. Je fais péter un beau nom de Dieu, sauf votre respect. C'est ce sacré Louis, le cantonnier, qui aura laissé un trou pareil dans le chemin ! "Espèce d'abruti", que je me pense ! Je vais pour sortir le pied à droite, de l'eau ; à gauche, de l'eau ; devant, de l'eau. Je fais même deux pas et je me retrouve mouillé jusqu'au ventre. Et puis, j'entends ce bruit, là-bas, vers le pont suspendu, comme un énorme troupeau de bêtes. "Vain Dieu ! je me dis, c'est la Loire". Je reviens vite en arrière, je retrouve le sec, mais j'vais pas pouvoir rentrer chez moi. Va falloir que vous me logiez à la grange. »

Je lui servis une fine et il s'installa devant le poêle qui flambait encore, jambes écartées et fumantes. J'envoyai ma Marguerite Rouchon avec une lanterne voir sur la route où en était l'eau. Elle revint les pieds mouillés :

« Elle est à cinquante pas d'ici, me dit-elle, derrière le mur du jardin. C'est bien vrai. »

J'étais inquiète à présent. Jean-Baptiste devait monter à Cublaise dans l'après-midi, et s'il n'était pas redescendu assez tôt, il allait être bloqué de l'autre côté. Pourvu qu'il ne lui soit rien arrivé ! Je fus bien vite distraite de mes pensées par la venue d'un groupe de voyageurs du train de vingt heures dix-sept, que Gustave Gohier devait remonter à Saint-Maurice avec sa carriole. Ils entrèrent dans la salle. Avec la lanterne à pétrole de la voiture, ils avaient vu l'eau toute boueuse et remuante, qui recouvrait tout le pays jusqu'au pont suspendu, avec des débris de toutes sortes qui flottaient dessus. Impossible de passer. On ne voyait plus la route, et quand la voiture avait eu de l'eau jusqu'aux moyeux et les chevaux jusqu'au poitrail, il avait bien fallu reculer.

Tout ce monde-là avait faim. On trouva des restes, on fit des omelettes au *bacon*, on but quelques canons et tout commença à aller mieux. Il fallut ensuite les loger, et je fus obligée de mettre les cinq hommes à la grange, et j'installai les deux femmes et la jeune fille dans ma propre chambre. Comme Jean-Baptiste ne rentrerait sûrement pas, je me réinstallai dans ma *souillarde* avec la petite Marguerite qui dormait à poings fermés. Moi, je ne dormais pas et, comme d'habitude, je me mis à penser : les voyageurs coincés, pas d'hôtel à Confolent. Bien sûr, il n'y avait pas toujours de gros arrivages au train, mais peut-être pourrais-je avoir des *prend-l'air* de la ville, en été. Je songeais à tout cela, dans cette nuit noire où la Loire faisait des siennes. Ce qui est sûr, c'est que la maison Douplat était trop petite. Il me faudrait acheter autre chose, ou alors faire construire. Nous avions quelques économies, mais il faudrait emprunter. Je me souvenais des leçons de ma mère. Il faudrait travailler ferme, mais je ne craignais pas le travail, j'étais dure à la tâche et je me sentais pleine de force et de courage. Ces projets me plaisaient. Enfin je m'endormis.

Le lendemain matin, il fallut préparer le café pour tout le monde. D'autres clients arrivèrent de Beauzac, avec des nouvelles. Le train ne passait plus. La voie était coupée entre Bransac et Retournac. Des voisins, les Dubost, étaient inondés. L'eau arrivait au premier étage chez eux. Mais je n'eus pas le temps d'aller voir les dégâts de l'inondation, j'avais ma pleine salle de monde. Et toujours pas de nouvelles de mon homme. En début d'après-midi, la vaisselle faite, je pus enfin trouver un moment pour sortir. Quelle désolation ! Le ciel était très bas et gris sombre. L'eau recouvrait tout. De petites vaguelettes sales venaient mourir contre le mur du jardin.

Plus loin, vers le pont, ça avait l'air de rouler à toute vitesse. On voyait tout un tas de débris flotter sur cette immense nappe liquide pleine de remous. Je remontai jusqu'à la gare. Il n'y avait personne à l'entrepôt de mon mari. Monsieur Cauvin, le chef de gare, me dit qu'il n'avait pas vu Jean-Baptiste depuis la veille à midi, quand il était parti pour Cublaise. L'inquiétude me reprit. Il me confirma que la voie ferrée était inondée à Aurec, ce qui empêchait les trains de monter de Saint-Étienne, et à Bransac et à Lavoûte, ce qui les empêchait de descendre du Puy. Nous étions isolés.

Dans l'après-midi, monsieur Despinasse, le maire de Beauzac, vint constater les dégâts et vérifier que tout le monde avait pu se loger et manger. On avait sorti d'un hangar une vieille barque qu'on remettait en état, pour aller chercher la famille Dubost qui criait au secours sur le toit de sa maison. Despinasse nous promit une voiture de pain et de provisions pour les jours à venir. Heureusement ! L'inondation dura une semaine, durant laquelle j'eus dix pensionnaires en permanence, plus la charge de vendre à tout le village les provisions qui venaient de Beauzac. Le troisième jour, on apprit que le Lignon avait emporté le vieux pont romain sur la route nationale, et on se demanda alors si le pont suspendu sur la Loire allait résister. J'eus des nouvelles de Jean-Baptiste. Il était resté coincé de l'autre côté de la rivière, et il était tout simplement remonté à Saint-Maurice, chez ses parents. Le troisième jour, il avait pu trouver une barque et, comme le courant s'était calmé un peu, traverser le fleuve. Je me jetai dans ses bras et ce fut un grand moment de bonheur. Je crois bien que je fus enceinte de Victor quelque temps après nos retrouvailles.

L'eau se retira peu à peu en laissant de la vase et une odeur épouvantable. On trouva tout un tas d'objets abandonnés. Une carriole était coincée dans les câbles du pont suspendu, par son timon. Les vaches de la ferme Rivat, en dessous de Retournac, furent récupérées vers la Mure de Bas-en-Basset, vivantes, sauf deux. Un des cadavres de ces pauvres bêtes resta même, tout gonflé d'eau, accroché dans un arbre. Les autres avaient nagé dans le courant, avant de reprendre pied plus loin, car *l'arpète* du père Rivat, trop saoul ce soir-là, avait oublié de les attacher à l'écurie. Heureusement pour lui ! D'autres paysans, plus consciencieux, avaient eu moins de chance. Leurs bêtes, attachées à la chaîne, n'avaient pu se sauver et avaient péri noyées. Ils étaient ruinés, et il n'y avait pas d'assurances alors, ni de secours publics. On fit la quête dans les églises et les gens fortunés donnèrent quelques sous, mais cette inondation causa bien de la misère. Pour ma part, je nourris les Dubost, le père, la mère et les cinq enfants, pendant un mois plein. Ils n'avaient plus rien. Tout avait été gâté par les eaux.

Il y eut de quoi rire aussi. Un marchand de vin de Rosières eut sa cave dévastée par la Loire. Les demi-muids furent soulevés et emportés par le courant. Quelques-uns éclatèrent contre les piles du pont de Bransac. Il en retrouva six en parfait état, et toujours remplis de bon vin, dans une prairie d'Aurec, à 30 kilomètres de là. Deux autres furent retrouvés intacts mais vides. Allez savoir si c'est l'eau qui avait arraché les bondes ou si quelques « soiffards » bien intentionnés les avaient un peu aidés à se mettre en perce !

On nettoya tout ce qui avait souffert, mais les récoltes ne furent pas bien bonnes l'année suivante. La boue empoisonne la terre. Les journalistes de Saint-Étienne parlaient de crue du siècle. On était donc tranquille pour quelques années. Baste ! En 1908, l'eau remonta aussi vite et presque aussi haut, et elle causa autant de dégâts. On n'était pas mieux préparé, et ceux qui avaient pu sauver trois sous en 1906 les perdirent définitivement en 1908.

Pour moi, après ces deux expériences, et surtout après la mort de mon petit Victor, il me fallait des projets et du travail. À la fin 1908, j'achetai un terrain non inondable, en face de la gare, de l'autre côté de la route, pour faire construire mon hôtel. Jean-Baptiste tenta bien de me dissuader. Il n'était guère entreprenant. Il trouvait qu'on gagnait bien assez comme ça, que travailler comme des bêtes ne servait à rien. Depuis la mort de Victor, quelque chose s'était cassé en lui. Il n'avait jamais été bien bavard, mais là, il restait de longs moments pensif, sans rien dire, l'œil bleu et vague, regardant le vide, au loin. Ça m'agaçait. Moi, j'avais besoin de bouger, je ne pouvais pas rester en place, il fallait sans cesse que je fasse, que j'entreprenne. J'étais sans doute une patronne difficile, car je ne laissais jamais reposer les gens. Il est vrai que je ne me reposais pas souvent moi-même. C'était ma réputation dans le village : j'étais une travailleuse, une vaillante. On disait aussi que je n'étais pas commode, un peu soupe au lait, et que Jean-Baptiste Blachon ne devait pas avoir tous les jours ses *quarts d'aise*. Je ne sais pas s'il les avait ou non, mais il ne s'est jamais plaint et il n'est jamais retourné chez sa mère, preuve que je devais lui aller ! On disait encore que j'étais généreuse. Ce qui est sûr, c'est que tous les chemineaux qui passaient se retrouvaient chez moi. Il y avait toujours un bol de soupe chaude pour eux et une botte de paille à la grange. La seule chose que j'exigeais, c'étaient les allumettes ou le briquet que je leur rendais le lendemain matin. Le feu était un terrible ennemi et il n'était pas question que, par imprudence ou malveillance, ma maison aille flamber. C'est tout cela qu'on disait de moi, et aussi que j'étais une jolie femme, et cela me faisait plaisir. Bien sûr, on ne me le disait pas en face, mais j'avais toujours une oreille qui traînait et j'entendais souvent des réflexions à mi-voix que l'on croyait très discrètes. Il n'est pas très agréable d'être jugé par autrui, d'autant que les gens ne vous font pas de cadeaux, mais allez donc empêcher le monde de jaser ! C'est comme ça, et puis pas plus.

Pour revenir à mon Jean-Baptiste, il se remit à lire. C'était mieux, bien sûr, que de se mettre à boire. En fait, il n'avait jamais cessé. L'habitude lui était venue au collège, mais la responsabilité du commerce et le mariage ne lui en avaient guère laissé le temps. Je ne sais pas ce qu'il avait espéré de Victor, mais après, il se referma un peu sur lui-même, sur ses livres, ceux qu'il achetait ou qu'il se faisait prêter. Je n'aimais pas trop cela, car il ne suivait plus très bien les affaires, mais par ailleurs, j'étais ravie de mettre mon nez dans le commerce de paille où, jusqu'à présent, je n'avais rien eu à voir.

Pour moi, la lecture du journal local me suffisait. On recevait *Le Nouvelliste* de Saint-Étienne, qui donnait quelques nouvelles nationales et surtout les nouvelles locales, de loin les plus intéressantes. J'aimais bien connaître les grands événements de Paris, bien sûr, puisque dix ans auparavant j'y avais séjourné et que j'y avais vu arriver le tsar, mais en fait, ils ne nous concernaient guère. La seule chose qui provoqua des remous dans la région fut la séparation de l'Église et de l'État, en 1905. Il y eut des émeutes, enfin des manifestations plutôt. À Sainte-Sigolène, les habitants interdirent à la commission chargée de dresser la liste des objets de l'église d'y pénétrer. La présence des gendarmes n'y fit rien. À Monistrol, il y eut un petit affrontement et, pour finir, le collège, où mon mari avait fait ses études, fut obligé de déménager. Il s'est depuis établi dans une maison des sœurs Saint-Joseph à Yssingeaux. En revanche, le grand couvent des Ursulines de Monistrol, chez les Dames comme on disait, ne fut pas touché. La moitié du canton y avait des parentes, et la plupart des filles de bonne maison y avaient été éduquées. À Beauzac, il n'y eut aucun problème, car le maire et le curé étaient comme cul et chemise. Ils dressèrent tous les deux la liste des biens cléricaux, et le conseil municipal nomma les calotins les plus notoires dans la commission chargée de leur administration. Autant dire que rien ne changea. Le curé continuait de prendre les décisions avec son évêque, au Puy, la commission entérinait, le maire donnait son accord, et l'affaire était réglée. Les radicaux du petit père Combes s'étaient joliment fait avoir.

J'ai déjà dit qu'on était très croyant et pratiquant dans ce coin de Haute-Loire. J'accompagnais parfois Jean-Baptiste à la messe, mais je n'avais guère le temps. Lui-même d'ailleurs, après la mort de Victor, y alla moins souvent, ce qui ne l'empêchait pas d'adorer recevoir ses anciens condisciples devenus curés et de discuter avec eux pendant des heures, ce qui avait le don de me mettre en fureur. Je faisais des scènes, et il me calmait en riant. Il lissait ses grosses moustaches et ses yeux bleus avaient un tel éclat que ma colère n'y résistait pas.

Pour en revenir à mon hôtel, il me fallut d'abord trouver de l'argent. J'avais quelques économies, 2 000 francs environ. J'écrivis à ma mère, à La Rouvière. Elle me répondit de venir, qu'elle pourrait peut-être faire quelque chose pour moi. Je pris donc le train avec ma petite Marguerite qui allait sur ses six ans ; je passai par Givors et Le Teil et je débarquai à Largentière, où mon père était venu m'attendre avec mon frère Romain qui, à vingt-deux ans, faisait un joli garçon dont les yeux gris devaient provoquer des ravages chez les filles du pays. Il était venu en permission, car il s'était engagé pour sept ans dans les chasseurs et il était présentement cantonné au fort de l'Esseillon, vers Modane, dans les Alpes.

Je fus bien heureuse de revoir mon pays. Largentière n'avait pas beaucoup changé, Chassiers et La Rouvière non plus. Je retrouvai tous les coins de mon enfance. Les arbres avaient poussé, quelques maisons avaient été refaites, d'autres s'étaient écroulées. Les chèvres étaient toujours là. La maison me parut toute petite. Mes parents avaient vieilli.

Ils vivotaient là, tous les deux. Ma mère gardait ses bêtes, vendaient les fromages à Largentière et continuait à tricoter des chaussettes ou à coudre des boutons, tant que *dure dure*. Mon père s'occupait des vignes, des châtaigniers et du jardin. Ça ne gagnait pas trop, et je me rendis compte à quelle misère j'avais échappé. Je revis les amies, Anaïs Rancher entre autres, qui avait quatre enfants et qui travaillait toujours à Luthe. Elle était devenue maigre et sèche et un peu acariâtre. Pour tout dire, elle ressemblait à sa mère, telle que je m'en souvenais au temps de nos dix ans. Je compris que la vie ne l'avait pas gâtée : son mari buvait et la battait parfois, et je sentis chez elle un peu de jalousie devant ma réussite, toute modeste cependant. Julien Léotier avait repris la ferme de son vieux père et il n'avait pas eu à partager avec son frère aîné qui avait rempilé dans la coloniale et qui se trouvait présentement sergent-chef en Algérie, du côté de Blida. Julien avait acheté des ruches, son miel se vendait assez bien, et ça lui permettait de mettre un peu de beurre dans ses épinards. J'allai visiter quelques anciennes pratiques à Largentière. La situation de toutes n'était guère brillante, car la Fabrique connaissait des hauts et des bas, et il y avait souvent du chômage. Je me félicitai d'avoir quitté ce pays si pauvre où il fallait se battre sans arrêt, non pas pour s'élever dans la société, mais simplement pour survivre.

J'étais venue avec des cadeaux bien sûr, du saucisson, du café, du Pernod et du beurre, denrée tout à fait précieuse dans ce pays d'oliviers. Je repartis avec quelques fromages de chèvre, bien durs, quelques châtaignes et surtout de l'argent. Ma mère en effet était passée à Aubenas, à la Caisse d'Épargne, et elle avait fait ses comptes. Elle me remit l'argent qu'elle m'avait forcée à économiser, quand je travaillais à la Fabrique, plus un bon paquet de jaunets que m'avait laissés la grand-mère Teston. Quand j'avais réclamé mon argent, lors de mon mariage, ma mère avait argué du fait que Romain n'était pas fini d'élever et qu'elle risquait d'en avoir besoin. À présent il gagnait sa solde, nourri, logé, blanchi par la nation. Il fallait bien lui envoyer quelques colis — je compris l'allusion — mais enfin, il était tiré d'affaire. Elle me remit donc 1000 francs, et ce n'était pas rien. Je compris qu'elle en gardait autant pour mon frère et qu'elle avait, par-devers elle, une petite cagnotte, pour le cas où. J'étais rassurée, mais on me fit bien comprendre que je portais la réussite de la famille et que, fortune faite, je ne devais pas oublier les parents moins privilégiés. Je ne les oubliai pas, mais il m'arriva de les trouver un peu pesants et, pour tout dire, un peu pique-assiettes. Enfin, c'était ma famille. Je ne pouvais pas l'abandonner.

Je me retrouvai donc à la tête d'un capital de 3 000 francs. Le père Blachon me prêta 1 500 francs, gagés sur le fonds de son fils. Je fis quelques visites chez des gens fortunés du coin. Je parvins, après pas mal de difficultés, à réunir les 7 000 francs que me coûta le bâtiment complètement terminé et équipé. C'était un hôtel-restaurant. La façade comportait une petite véranda avec trois marches. On pénétrait dans un couloir. À gauche s'ouvrait la petite salle du café, avec un comptoir en bois et zinc, et au fond, la grande salle du restaurant. À droite, se trouvaient la cuisine et la réserve, où de grands placards renfermaient la vaisselle, les nappes et les serviettes. L'escalier au fond du couloir permettait d'accéder aux chambres. Il y en avait douze, six de chaque côté du vestibule central. Chacune avait son cabinet de toilette, avec broc et cuvette en faïence de Gien, et un grand miroir biseauté, monté sur une desserte en bois, recouverte de marbre blanc. C'était ce qui se faisait de mieux à l'époque et, avant notre installation complète, j'étais très fière de faire visiter le chantier à mes connaissances. C'était mon œuvre, j'avais mené cela toute seule, et jusqu'au bout, de l'achat du terrain jusqu'à la maçonnerie et la peinture et l'équipement et tout. Jean-Baptiste, au début, ne m'avait guère encouragée. Ensuite, je dois reconnaître qu'il m'aida sérieusement à trouver de l'argent. Mais à part cela, il ne fit rien. Toutes les démarches, tous les soucis, les inquiétudes, les pots-de-vin, les retards, les angoisses, ce fut pour moi. Alors, je pouvais bien en être fière de mon hôtel ! Je crois que je fis quelques jaloux. On trouvait que je réussissais trop bien, trop vite, puisque, dix ans après mon arrivée, comme bonne, chez l'oncle et la tante Douplat, j'étais propriétaire, j'avais fait construire. Heureusement que l'on reconnaissait que j'étais une travailleuse acharnée, sinon un envieux aurait pu me jouer un mauvais tour.

Poursuivons la visite. Tout le deuxième étage était réservé au logement de la famille. Une chambre pour Jean-Baptiste et moi, une pour la petite Marguerite, une autre chambre pour les enfants à venir, on ne sait jamais, et en face, trois chambres pour le personnel, car il me fallait une cuisinière et deux bonnes pour le ménage et le service. Par ailleurs, Mélanie Coutançon se chargerait du lavage qui se déroulerait au sous-sol, où j'avais fait installer deux grands lavoirs et une série d'étendages en fil de fer galvanisé. Le tout ouvrait sur la chaudière au charbon avec chauffage central, une technique toute nouvelle qui permettait de chauffer chaque pièce avec un radiateur où circulait de l'eau chaude. Plus loin dans le sous-sol, la cave avec les casiers à bouteilles et les marchepieds pour les barriques. Sur l'arrière du bâtiment, un jardin potager avec des arbres fruitiers, un grand pré pour blanchir les draps et une tonnelle. Tout fut terminé en mars 1910. Quand je pus contempler l'enseigne flambante neuve : « Hôtel-Restaurant J.B. BLACHON », j'éprouvai un sentiment d'orgueil très vif et je vous prie de croire que le roi n'était pas mon cousin.

L'oncle et la tante Douplat retrouvèrent le calme dans leur ancienne maison, qui n'était pas à plus de 20 mètres. J'avais peur qu'ils se sentent un peu abandonnés, mais en fait, ils se faisaient vieux, et un peu de tranquillité ne leur faisait pas de mal. D'ailleurs ils venaient manger à l'hôtel chaque jour, ma tante me faisait un peu de repassage, et l'oncle m'entretenait le jardin.

Comme je voulais des pensionnaires durant l'été, je fis passer des annonces dans les journaux de la région, jusqu'à Lyon. La première année, il en vint peu, mais je les traitai bien sans doute, et ils me firent de la réclame si bien que dès la deuxième année, l'hôtel fut complet de juin à septembre. C'étaient des clients bien réguliers, en particulier un couple de soyeux lyonnais, monsieur et madame Albert, et un ingénieur de Belfort, monsieur Wexler, qui me louait deux chambres, une pour lui et sa dame, une pour ses deux filles. C'était un savant. Il avait inventé un appareil pour les voitures sans chevaux qu'on voyait circuler sur les routes, présentement. Mon mari se plut beaucoup à discuter avec lui d'énergie et de chaleur, d'huile et de cylindre. Je ne comprenais pas grand-chose à tout ce charabia-là, je savais simplement que ce n'était pas demain la veille que ces engins remplaceraient les chevaux et le train. Eh bien, je me trompais ! Mais qui peut savoir de quoi demain sera fait ?

J'avais toujours mes carriers à midi et quelques cheminots, le soir, deux ou trois commis-voyageurs. L'hiver était calme mais, au printemps, les pêcheurs arrivaient, et les touristes. On se reposait donc un peu avant l'été. En fait, comme l'hôtel marchait bien, je m'occupais de plus en plus de paille et de pommes de terre. Je demandai à Jean-Baptiste de me mettre au courant de ses clients et de ses fournisseurs, et ça m'a bien été utile, quelques années plus tard. Mais c'est lui qui faisait le plus gros du travail, heureusement, car cette année 1911, je fus bien embêtée. J'eus ma deuxième fille, Madeleine, et je perdis mon père. Il avait soixante et un ans. Ce n'est pas bien vieux, mais c'est comme ça. Je passai quelques jours à La Rouvière. Je revis la tombe de la mémé Teston, morte en 1902, et de mon petit Vital, parti en 1896. Quinze ans et neuf ans déjà ! Comme le temps passe vite ! Je me rappelai ce que disait ma mémé : « Une vie, petite, c'est long… et c'est court. » J'avais trouvé que c'était long lorsque j'étais petite, mais à présent, je trouvais que ça défilait à toute vitesse.

Ça me faisait tout bizarre de penser que mon père était mort. J'avais du chagrin, bien sûr. Et pourtant ça n'avait pas été un modèle. Il avait bien ses défauts. Je crois que j'étais vraiment attachée à lui, moins qu'à ma mère cependant. Et de le savoir là, sous la terre, dans le petit cimetière de Chassiers... Enfin, il n'était pas seul. La mémé Teston, Vital et lui se tiendraient compagnie. Mon pauvre père ! Je me sentais plus vieille, tout à coup, plus grande. Pour la mort, ma mère exceptée, j'étais en première ligne. Ça, c'est ce que diraient les pauvres poilus, quelques années plus tard. Ma mère restait seule donc. Elle vint passer deux mois au Pont, avec nous. Puis elle repartit. Sa maison lui manquait, et l'air du pays, et les chèvres, qu'elle avait confiées à une voisine.

Mon bébé allait bien ; elle profitait bien chez sa nourrice. Ma Marguerite devenait une jolie petite fille. Mon mari voulut qu'elle fasse de la musique. On acheta un piano et on fit venir un professeur deux fois par semaine de Monistrol. Ça coûtait cher, et je n'étais pas bien d'accord. Mais Jean-Baptiste me laissait faire ce que je voulais et, pour une fois, je pouvais bien lui faire plaisir. Et puis, toutes les filles de la bourgeoisie savaient le piano. Peut-être ainsi serait-elle plus facile à marier, même si elle avait encore le temps. Comme dit le proverbe : « Marie ton gars quand tu voudras, ta fille quand tu pourras ! »

Jean-Baptiste, pendant ce temps, avait monté la fanfare de Saint-Maurice. Il possédait un cornet à pistons et avait recruté des jeunes et des moins jeunes. Ils firent des fêtes et un grand bal, pour se payer des instruments. Ils furent bientôt une trentaine et ils jouaient pour le défilé du 14 Juillet, et pour la vogue, la fête locale, ils donnaient un concert l'après-midi. C'était bien joli, mais il y passait une partie de son temps, et moi, je m'occupais du fourrage et des pommes de terre. Il donna tout de même des leçons de solfège à sa fille et, quand elle répétait ses morceaux au piano, si elle faisait une fausse note, il criait de l'endroit où il était : « Non, c'est un dièse, ou un bémol ! » Ça, vous pouvez croire qu'il avait de l'oreille. Il ne se trompait jamais. Pauvre Jean-Baptiste, il aimait tant ça, la musique.

Maintenant que j'avais mon hôtel, j'avais renoncé aux bals qu'avait montés l'oncle Douplat. Les cafés où l'on dansait régulièrement avaient mauvaise réputation. Ce n'est pas qu'il s'y passait grand-chose, mais enfin, je ne voulais plus de ça. Et puis, c'étaient surtout des jeunes qui venaient, et ils consommaient peu et se bagarraient souvent. Alors, ma foi, je ne regrettais rien. Le bal fut repris de l'autre côté du Lignon, par la Nini Chaudeurge, au pied des carrières. Et là, il y avait suffisamment de buissons pour cacher toutes les filles qui, après la danse, avaient envie de voir le loup. Ce n'est pas moi qui les en aurais empêchées, mais je ne voulais plus de ça chez moi.

Il me faut parler des carrières aussi. Il y avait plus de cent hommes à l'époque, et des chevaux et des mulets, et de la poussière et des explosions.

Les carriers étaient des durs, mauvais caractère mais bon cœur. Et ils buvaient ! La poussière leur desséchait le gosier et les poumons. C'était pire qu'à la Mine de Saint-Étienne, paraît-il. Ils fabriquaient des bombes avec de la poudre qu'ils mettaient dans des écorces évidées. Ils bourraient le tout dans un trou, entre deux rochers, allumaient le cordon et boum ! La roche volait partout, dans les pierriers au flanc de la montagne. Au bas des pierriers, les concasseurs concassaient à la masse les morceaux les plus gros, et les tailleurs, avec le pic d'abord, puis la massette, taillaient des petits pavés, dits pavés parisiens. Une carriole attelée venait chercher les tas et les emmenait jusqu'au Pont, par un chemin défoncé, au-dessus des gorges de la rivière. On les transportait à la gare où on les chargeait dans les wagons. Toutes les rues de Paris allaient être pavées ainsi, disait-on. Quand on voyait les quantités de pierre qui montaient vers la capitale, on se disait que ce devait être une ville gigantesque. Moi qui l'avais vue, je savais que c'était grand et que pour une avenue comme les Champs-Élysées, c'est sûr qu'il en fallait, des pavés !

À chaque trajet, les chariots partaient pleins et revenaient pleins, mais pas de pierres, de bouteilles, de chopines. Ils en prenaient dans tous les bistrots, chez Chaudeurge bien sûr, chez Numet, de l'autre côté du pont, chez la Rose et chez moi, à Confolent. On marquait le nombre de bouteilles, et le courtier venait payer à la fin de la semaine. C'est lui qui était responsable de l'organisation de ce commerce, et je crois qu'il prenait un peu de bénéfice sur chaque chopine. Enfin, tout métier mérite salaire. On était poli avec lui et on lui glissait régulièrement l'étrenne, car il ne s'agissait pas de perdre la clientèle des carriers. Ils nous buvaient deux *cempotes* par jour. Si on en compte autant, et sans doute plus dans les trois autres bistrots, car le nôtre était le plus éloigné, ça fait un sacré total. Il faut dire qu'un homme sobre buvait ses 3 litres par jour, à l'époque. Celui qui ne buvait pas était malade ou quasiment anormal. Mon Jean-Baptiste, qui ne dépassait pas le litre, et j'aimais mieux ça, s'en tirait en disant que son estomac n'en supportait pas plus. Je crois bien que certains carriers devaient boire plus de 20 litres par jour. Ils étaient ivres en permanence, et les accidents étaient nombreux. On ne faisait pas de vieux os, aux carrières, c'étaient de pauvres gens. Ce n'est pas que ça payait mal, mais la plupart buvaient tout ce qu'ils gagnaient. Il y avait surtout des jeunes, et on y rigolait bien. Mais les plus âgés, qui avaient femme et enfants, avaient un air malade, à cause de la pierre, et étaient malheureux. Chez eux, tout s'achetait avec l'ardoise. L'épicier ne pouvait se faire payer qu'à la quinzaine. Les enfants étaient pouilleux et mal nourris, et les femmes souvent battues. C'était terrible de voir ces femmes qui venaient emprunter 5 francs, pour faire manger leurs petits. Je crois que c'est à ça que le travail de ma mère et le mien m'avaient permis d'échapper.

Refuser n'était pas facile non plus. On pourrait dire que j'étais égoïste bien sûr, mais je m'étais fait prendre une fois : j'avais prêté à Séraphine Barlet de quoi payer son ardoise à l'épicerie de Beauzac. Elle m'avait été recommandée par ma lavandière, Mélanie Coutançon, dont elle était la belle-sœur. Le lendemain, j'eus quatre demandes que je n'osai refuser. Le soir, j'en parlai à Jean-Baptiste, qui me dit de faire attention, mais ne me dit pas comment. Ce n'est pas à lui que les femmes venaient demander. Il fallait se gendarmer. Je fus obligée de refuser six demandes le surlendemain. Des gens descendaient de Beauzac et de Saint-Maurice. Il en vint même de Monistrol. La rumeur allait vite. Je décidai donc de ne plus prêter à personne, sauf aux gens que j'employais. Par ailleurs, il y eut toujours une assiette de soupe chaude pour les rouliers et une place sur le tas de paille, dans la grange de Jean-Baptiste, près de la gare. Durant les dix années où j'ai tenu l'hôtel, je crois bien qu'il n'y a pas eu un seul soir où je n'ai pas distribué une soupe. C'est qu'il y avait bien des pauvres. Et ce n'est pas avec eux qu'on peut gagner de l'argent. Il faut le prendre chez les riches, qui ne sont d'ailleurs pas si larges que ça. Mes pensionnaires de l'été vérifiaient toutes les notes, scrupuleusement, et certains me demandaient de leur faire des rabais, quand ils partaient, à la fin du mois. Ça menait grand train, ça portait des toilettes et du linge blanc, mais c'était rudement serré de côtes, comme on dit.

Enfin, les affaires marchaient. On se levait à cinq heures, les matins. Jean-Baptiste partait à la gare, et moi je mettais l'hôtel en route. Il y avait les petits déjeuners à préparer, les livraisons de nourriture à contrôler, la cave à visiter. Ensuite, mes deux femmes de chambre faisaient le ménage à l'étage, tandis qu'à la cuisine la grande Marguerite préparait le repas de midi. Pendant la vaisselle, je tenais mes livres de compte, et Jean-Baptiste me mettait au courant des ventes de paille et de pommes de terre. Vers quatre heures, je soufflais un peu en prenant un café avec les femmes à la cuisine. Il y avait ensuite le repas du soir, la vaisselle. Je n'étais jamais couchée avant onze heures, et je ne mettais pas longtemps à m'endormir. Je pris quand même le temps de faire la petite Émilie, qui naquit en mars 14. Et après un magnifique été, ce fut la guerre.

VI

MONSIEUR WEXLER qui venait pour la quatrième année en vacances chez moi, en juillet, n'était resté que quinze jours. J'ai déjà dit qu'il était ingénieur dans une usine de moteurs. Il discutait souvent avec Jean-Baptiste :

« Nous aurons la guerre, Monsieur Blachon, vous verrez ! Je vous le dis. Nous aurons la guerre. Dans mon usine, nous travaillons depuis un an pour la Défense nationale, pour les armées. »

Jean-Baptiste n'y croyait pas, moi non plus. Tout allait pour le mieux, enfin autour de nous. Nos trois filles grandissaient, le commerce prospérait, je venais de rembourser l'argent prêté par mon beau-père, les pommes de terre et la paille se vendaient un bon prix. J'avais autant de travail que je pouvais en faire. Que demander de plus ? On peut dire que j'étais heureuse, honorablement connue dans mon village, respectée. Mon mari était quelqu'un.

Quand on vit apparaître les premières affiches de la mobilisation, l'une d'elles fut même placardée sur la porte de mon établissement, début août 14, personne n'y crut. Et pourtant, deux jours plus tard, les gendarmes apportèrent les livrets militaires. Jean-Baptiste devait rejoindre le 14e régiment de ligne, à Chalon-sur-Saône. Il prit le train le 8 août, avec quarante-sept hommes des communes environnantes. Il avait trente-neuf ans, c'était un des plus âgés.

Les prend-l'air étaient rentrés chez eux. L'hôtel me parut soudain désert. Tout à coup, il n'y avait plus d'hommes. On se retrouvait entre femmes, avec les enfants et quelques vieux de plus de cinquante ans. Le pays semblait s'être arrêté. Pendant quelques jours, je tournai en rond dans l'hôtel, avec mes quatre bonnes et mes trois filles. Nous ne savions plus que faire. Plus de pensionnaires. Plus de canons à servir dans la salle du bistrot. Un grand calme régnait dans la campagne.

Les mines n'explosaient plus dans les carrières. Curieusement, la vallée connut une grande semaine de paix.

Ça ne dura pas. Les hommes n'étaient plus là pour travailler et la moisson attendait. Il fallut retrousser ses manches. Femmes, enfants, vieillards descendirent aux champs. On réussit tant bien que mal à faire marcher les moissonneuses, c'était facile, et les batteuses, ce le fut moins. Mais enfin, blé et paille furent engrangés, avec un peu de retard. On reçut alors les premières nouvelles de la guerre. Le journal avait annoncé l'entrée des Boches, on ne les appelait plus que comme ça, en Belgique. On parlait de la conduite héroïque du roi Albert. Puis l'armée allemande pénétra en France, sans rencontrer beaucoup de résistance. Jean-Baptiste m'écrivit que son régiment allait monter en première ligne sur la Marne, où se préparait une grande bataille.

La peur me prit, je me mis à prier pour qu'il ne lui arrive rien. La maison de la *béate* de Confolent ne désemplissait pas. Des cierges y brûlaient en permanence, devant l'autel. Plusieurs voisines firent le pèlerinage à Notre-Dame de la Faye, près de La Chapelle-d'Aurec. J'y allai aussi avec mon aînée. Et je collai la photographie de mon Jean-Baptiste à côté de celles des autres soldats, que la Sainte Vierge devait protéger. Il y en avait deux pleins murs, des grandes et des petites, des racornies, des rabougries :

c'était quelque chose. J'y suis retournée souvent, en voiture ou à pied, car elle me l'a protégé, mon homme, la Sainte Vierge, et il n'est pas resté là-haut, dans le Nord de la France, le ventre dans la boue des tranchées, comme beaucoup. Je n'étais pas bien croyante et je n'avais pas le temps d'aller à la messe, et puis, chez moi, en Ardèche, on ne pratiquait guère. Mais à cette époque, je revins à de meilleurs sentiments. Je ne fus pas la seule, comme quoi la peur est bien le commencement de la sagesse. C'est le curé Coiffier qui le répétait souvent, du haut de sa chaire.

Désœuvrée dans mon hôtel-restaurant, j'avais oublié le commerce de mon mari. Un matin, le chef de gare, monsieur Valogne, vint à la maison et me dit qu'il ne pouvait plus me laisser de wagon en permanence près du hangar, parce qu'on les avait tous réquisitionnés pour les transports de matériel militaire.

« Il faudra faire une demande en trois exemplaires, huit jours à l'avance, dorénavant. J'ai reçu une note de service. »

Et il me montra un papier de la compagnie, visé par l'autorité militaire.

Le père Valogne, comme on l'appelait, était un brave homme. Je lui demandai de me laisser quelques jours pour me retourner. Il se fit tirer l'oreille, mais je savais comment l'amadouer.

J'avais en cave une bonne réserve de bouteilles de Pernod. Il accepta de me laisser le wagon et s'occupa même de me trouver les hommes et les jeunes pour le charger. Car c'était un drôle de problème. Il n'y avait plus de main-d'œuvre. Je fus obligée d'embaucher des gamins de quatorze ou quinze ans, que je faisais surveiller par quelques vieux qui n'étaient plus mobilisables. Mais j'avais toujours peur qu'ils me fassent quelque sottise. Et puis, ils n'étaient jamais sûrs. Un jour ils travaillaient, le lendemain leurs mères les envoyaient aux champs. Allez tenir une maison avec ça ! Heureusement que mes clients ne me lâchaient pas. Un des principaux, la maison Souchon et Neuvezelle de Givors, qui fabriquait des bouteilles de verre, m'écrivit une lettre que j'ai conservée :

« Madame Blachon, nous avons travaillé dix ans avec votre mari, et ceci à notre plus grande satisfaction. Nous sommes sûrs que vous saurez continuer de la même manière. Envoyez-nous toute la paille que vous pourrez trouver. Veuillez agréer etc. »

Je commençai donc à m'occuper seule de l'expédition. Ce ne fut pas facile, car il y avait la réquisition. C'est un certain Boyer de Loucéa qui était chargé de cela, au nom du ministère de la Guerre. Il vint me voir et me déclara tout de go qu'il avait priorité pour les transports, et priorité aussi pour les achats, que s'il ne pouvait pas trouver les quantités de paille et de patates indispensables à l'entretien des troupes, il se servirait chez moi, dans mon hangar, et aux prix fixés par le gouvernement. Les gendarmes seraient là pour l'aider dans sa difficile mission. Il crut m'impressionner, mais j'avais décidé de ne pas me laisser faire. Ce type était un planqué, il aurait dû être au front, et il venait me chercher des noises, à moi, la femme d'un poilu, avec trois enfants. Non mais, il allait voir de quel bois je me chauffais !

La première escarmouche eut lieu une semaine plus tard. Mes employés chargeaient un wagon de pommes de terre pour la maison Savet de Lyon, quand voilà mon Boyer qui s'amène avec deux hommes à lui, un vieux et un plus jeune qui boitait un peu : « Encore un planqué », je me dis. Il me demande. J'arrive sans me presser, et il me déclare qu'il a besoin de mon wagon, que le chef de gare, monsieur Valogne, n'en a plus à lui fournir, que la nourriture du poilu n'attend pas, qu'il me faut faire décharger mon wagon au plus vite, qu'il va venir le prendre en début d'après-midi. Je proteste pour la forme, mais je me dis : « Toi, mon planqué, tu ne vas pas l'emporter au ciel, je t'aurai au tournant. »

J'avais trois jeunes qui travaillaient sous les ordres du Marcel Berthoix, un homme de cinquante ans, à qui le boulot n'avait jamais fait peur, mais un peu sujet à l'épilepsie, et ils m'avaient bien chargé au moins 5 tonnes de pommes de terre en vrac, à la pelle. Dès que le Boyer a tourné le dos, je leur dis de tout arrêter. Je dis aux petits de s'en retourner, que leur mère a besoin d'eux, et mon Marcel s'en va, en prétextant qu'il va avoir une crise. Naturellement, je leur paye la matinée entière. Après dîner, vers une heure et demie, je me garde bien d'aller à la gare. Mon Boyer va trouver le hangar fermé et le wagon à demi-plein, non déchargé. J'imagine sa fureur et je l'attends en riant toute seule dans ma cuisine.

À deux heures, il arrive, les poings tout faits, et donne un grand coup de pied dans la porte d'entrée, qui vibre très fort. Julie, une grande bringue qui sert au bistrot et qui m'est toute dévouée, commence par le rabrouer vertement :

« Hé vous ! Vous vous croyez où ? Vous n'allez pas tout casser, non ?

— Je veux voir madame Blachon tout de suite. J'irai chercher les gendarmes s'il le faut. »

Alors, de la cuisine, je crie à ma Julie :

« Laisse-le entrer, je voulais justement le voir. C'est monsieur Boyer, n'est-ce pas ? »

Boyer fait claquer ses souliers et, suivi de son boiteux, s'amène sur le pas de la porte de la cuisine et se met à bredouiller des excuses, dès qu'il me voit. Il recule tout confus dans la salle du café. C'est que, dans la cuisine, je suis en chemise, en train d'allaiter mon Émilie, qui n'a pas encore huit mois. Ce n'est pas que la petite ait très faim, mais il s'agit de faire baisser le caquet de cet individu qui veut me mettre des bâtons dans les roues. Je lui crie :

« Asseyez-vous, Monsieur Boyer, en insistant sur le monsieur. Julie, offre donc une gnole à ces messieurs. La petite fait son rot. Je suis à vous tout de suite. »

Je me rajuste en prenant bien mon temps et j'arrive, en portant la petite dans mes bras et en lui faisant des mamours. Le Boyer se croit obligé de lui trouver bonne mine, de me complimenter en avalant son verre de fine. Alors moi, mielleuse :

« Eh bien ! Monsieur Boyer, que puis-je faire pour vous ? »

Il fait un effort pour parler calmement, mais il est tout rouge et sa colère ne demande qu'à éclater. Je remarque qu'il n'ose pas me regarder dans les yeux.

« Madame Blachon, j'ai absolument besoin d'un wagon pour le front. Je suis obligé de réquisitionner le vôtre, c'est le seul qui reste à la gare. Je vous ai demandé ce matin de le décharger pour midi. Je viens à la gare, rien n'a bougé. »

Il me regarde, furieux. Je lui fais mon plus beau sourire en berçant la petite.

« Écoutez, Monsieur Boyer, je suis navrée. » C'est faux, bien sûr, mais ça ne coûte rien de le dire, et ça me permet de me moquer de lui.

« Vous savez ce que c'est que la main-d'œuvre, aujourd'hui. Marcel Berthoix a senti venir sa crise et il est vite rentré se coucher. Vous savez ce qu'il a ! Et mes trois petits ont dû retourner aider leurs mères aux champs. Tous les hommes en état de travailler sont au front, Monsieur Boyer, et mon mari aussi. »

Et j'insiste sur le front en le regardant, lui et son boiteux.

« Je n'ai personne et je ne vois pas comment faire. Mais vous et votre homme, là, si vous vous y mettez maintenant, à cinq heures, pour sûr, vous aurez fini. Tenez, je vais même vous accompagner avec ma Marguerite. Elle n'a que onze ans, mais elle est déjà vaillante tout plein. Seulement, il faut que j'aille la chercher à l'école. J'espère que le maître ne me fera pas d'histoires. Les poilus d'abord, n'est-ce pas ? »

Il ne sait pas comment refuser, je le vois bien. Il n'a pas envie de travailler tout l'après-midi, car il n'a pas dû régler tous ses achats aux paysans des environs. Et puis, obliger une femme et sa petite à travailler pour lui, ce serait la honte.

« Je n'ai pas le temps. Ce tantôt, il me faut monter à Beauzac. Nom de Dieu, pourquoi vos employés se sont-ils arrêtés ce matin ? »

Je hausse les épaules, l'air de dire que je n'y peux rien.

« Mais le Marcel est peut-être pas bien malade ? il me fait.

Oh, je dis, non ! ce n'est pas bien grave. C'est l'épilepsie. Parfois, ça peut le rendre méchant. Il faut faire attention quand même. »

Il n'insiste pas. On se méfie des épileptiques ici. En fait, je sais que ça n'a rien de grave. Marcel a failli, une fois, se couper la langue avec les dents, dans ma salle de café, voilà trois ans. On lui a desserré la mâchoire avec une fourchette et on lui a mis un morceau de bouchon. Depuis, il n'a jamais repris de crise, et surtout pas ce matin. Mais Boyer n'en sait rien.

« Écoutez, Monsieur Boyer, je suis bien embêtée, hein, parce que c'est un peu de ma faute, si vous n'avez pas votre wagon. Voilà, achetez-moi ce qui est chargé au prix du jour, à quatre sous. Il n'y en a pas tout à fait cinq tonnes. »

Il se récrie :

« Et non, j'ai déjà mes fournisseurs. »

Je comprends qu'il a déjà sa marchandise qu'il ne paye que 3 sous aux paysans, alors que je leur en donne 3,5 au kilo, bien sûr. C'est d'ailleurs pour cela qu'ils préfèrent me vendre à moi. Il ne veut pas perdre son bénéfice. Il tape sur la table.

« Chut, je murmure, la petite s'est endormie. Vous allez me la réveiller. »

Il a de la peine à se retenir. À la fin, il se lève et s'en va. Je lui crie :

« Passez voir Valogne de ma part, c'est un brave homme, il vous trouvera quelque chose pour demain. »

Quand ils sont loin, Julie et moi partons d'un grand éclat de rire. Je file peu après à la gare. Boyer a retenu, en désespoir de cause, un wagon pour le lendemain, mais il n'est pas sûr de l'avoir. Il vient de monter à Beauzac. Tout va bien. J'envoie chercher mes aides et, à tous les cinq, on finit de charger le wagon, Valogne l'enregistre et, à six heures du soir, il est accroché au dernier train pour Lyon. Le tour est joué.

Mais ce Boyer était un coriace. Quand il apprit le départ de mon wagon, il ne décoléra pas de huit jours. Ce fut bientôt la guerre ouverte entre nous. Il essayait de me coincer, mais il n'y arrivait pas. Il m'envoya quatre fois les gendarmes, qui étaient heureusement de braves bougres, et que j'arrosais tant et plus. Un jour pourtant, il réussit et m'obligea à faire décharger deux wagons. Je dus même lui rétrocéder six tonnes au prix de la réquisition. J'y perdis mon fond de culotte. Salopard, va ! Je décidai de m'organiser pour ne plus me faire avoir.

Il fallait absolument que je sache quand il arrivait à la gare. Je fis donc du renseignement avec des gamins du pays à qui je donnais 20 sous de temps en temps et du sirop de grenadine tant qu'ils en voulaient. Ils venaient m'avertir dès que les gendarmes ou Boyer prenaient la route de Confolent, venant de Monistrol ou de Saint-Maurice, ou dès qu'on les avait aperçus vers la ferme de Grand, venant de Beauzac.

Il faut dire qu'au début, on ne se disputait que les transports. Mais bientôt, Boyer eut le droit de réquisitionner la marchandise, comme j'ai dit, et il la payait 0,5 sou de moins au kilo. C'était comme si j'avais travaillé pour les Prussiens. Quand il venait pour la marchandise, il devait être accompagné des gendarmes ou du maire. Le vieux monsieur Raymond de Saint-Maurice, qui était un ami de mon beau-père, traînait un peu la jambe dans la descente de Cublaise. Quant à Matthieu Colombet de Beauzac, il me fournissait en vin, et j'étais sa meilleure cliente. Autant dire que j'avais toujours le temps de faire disparaître deux ou trois tombereaux des plus belles pommes de terre. Quand Boyer arrivait, il n'y avait plus que des petites, que l'armée n'achetait pas. D'autres fois, il venait tôt le matin. J'envoyais vite deux ou trois gamins prévenir les paysans qui m'apportaient leur chargement de s'arrêter en route et d'attendre midi, qu'il soit parti. Ah là là, quelle époque ! Que de fois ai-je entendu ce cri : « Madame Blachon, Madame Blachon ! La réquisition est au Pont ! » Et tous de galoper en tous sens pour berner le Boyer.

Ça a l'air facile comme ça, mais ça me coûtait joliment cher, et il me fallait sans cesse discuter, remercier, presser, demander, arroser, serrer le poing dans ma poche. Moi qui suis un peu soupe au lait, j'avais de la peine, souvent, à ne pas exploser. Je me retenais et ma colère retombait sur mes petites. Elles avaient intérêt à filer doux. Je me reprochais parfois ma dureté. J'avais peu de temps pour m'occuper d'elles. Bien souvent, c'était Julie qui donnait la bouillie à la petite, ou alors mon aînée qui se chargeait des deux autres.

Mon Jean-Baptiste me manquait. Bien sûr, j'arrivais à tout faire marcher, l'hôtel et le commerce, mais un homme sur qui vous vous appuyez, à qui vous pouvez parler, c'est bien utile. Et je ne dis rien du reste. Quand même, les femmes ont tenu le pays pendant les quatre ans de guerre. Je ne veux pas dire que les hommes ne servaient à rien. Ils étaient au front, en première ligne, et certaines lettres de Jean-Baptiste m'inquiétaient. Il risquait la mort à chaque instant. Bizarrement, je n'y pensais pas. Je craignais plutôt les maladies, car dans les tranchées, la vie était épouvantable, avec la crasse, la boue, le froid. Mais sans les femmes qui assuraient la vie à l'arrière, le front n'aurait pas tenu. Cette guerre, c'est un peu nous, les femmes, qui l'avons gagnée.

N'empêche ! Certains soirs où rien n'avait marché comme je voulais, seule dans mon lit, il m'est bien arrivé de pleurer dans mon oreiller, de fatigue et de désespoir. Et puis, je finissais par m'endormir, et le matin, je repartais, pas toujours fraîche et rose, mais je repartais. L'hôtel, le restaurant, le café, la paille, les pommes de terre, et mes comptes, et mes filles, et l'oncle et la tante Douplat, et ma mère qui s'installa pour six mois en 1915, et mon frère Romain qui, au sortir de ses sept années d'engagement, en avait repris pour quatre ans de guerre, et mon Jean-Baptiste, bien sûr. Je faisais des colis pour les deux hommes que j'avais à charge : Romain n'était pas marié. Je démarchais mes clients, mes fournisseurs. Je prenais le temps de discuter avec les rares touristes qui étaient revenus avec leur famille, ceux du moins qui n'étaient pas au front. Je n'arrêtais pas. Cette guerre, je ne l'ai pas vue passer.

Mon mari vint en permission deux fois, en mai 1915, et en décembre. Il avait maigri. À sa première venue, je dus brûler tout son linge, tellement il était crasseux et couvert de vermine. Il resta deux heures dans la baignoire, à se frotter soigneusement.

Les poux nageaient à la surface de l'eau, et nous les tuions entre le pouce et l'index. Il y en avait tant que j'en avais pris le fou rire.

En décembre 1915, je le trouvai tout changé. Lui si calme, toujours souriant et l'air un peu lointain, avait pris soudain dans les yeux une expression de bête. Il ne riait plus. Il parlait peu. Il s'énervait pour un rien. Il resta vingt et un jours, ce qui lui permit de passer Noël en famille. Il racontait parfois le soir des histoires épouvantables : des attaques à la baïonnette, des camarades blessés qui hurlaient toute la nuit et qu'on ne pouvait pas aller chercher, car ils gisaient dans l'entre-deux tranchées. Il m'avoua qu'ils avaient plusieurs fois tiré sur des blessés pour abréger leurs souffrances. Une fois, il avait ramené sur ses épaules un jeune paysan de la Mayenne. Les boyaux lui sortaient du ventre, et il avait marché pendant 20 mètres avec un morceau d'intestin qui se balançait devant ses yeux. Il s'était mis à boire aussi. Sans la gnole et le pinard, le pousse-au-crime comme il disait, jamais les soldats ne seraient sortis des tranchées, quand les Boches canardaient à la mitrailleuse. C'était vraiment horreurs sur horreurs.

Il racontait aussi les amis, la fraternité des combattants. Dans sa section, on partageait tout. Certains n'avaient personne à l'arrière, et je compris qu'il fallait envoyer de plus gros colis, plus régulièrement. Il me dit un jour qu'il leur arrivait de fraterniser avec ceux d'en face. Les Boches n'étaient pas tous des bêtes inhumaines, comme le disait la propagande de l'arrière. Quand ils étaient en face de Bavarois ou d'Alsaciens, ils échangeaient de la nourriture, des renseignements. Ainsi, ils se prévenaient quand on creusait une sape. Il s'agissait d'un tunnel bourré d'explosifs que l'on perçait jusque sous la tranchée adverse. La veille de l'explosion, on tapait sur des pelles pendant une heure d'affilée, pour prévenir l'ennemi qui savait, comme ça, qu'il devait évacuer sa tranchée. Un jour, un lieutenant du 42e régiment de tirailleurs, qui se prenait pour un héros, avait refusé d'écouter ses hommes et, pistolet au poing, les avait contraints de rester. Il y avait eu vingt-six morts. Le lieutenant avait été cassé, car il avait survécu, lui. Certains gradés étaient gentils, d'autres étaient des « crevures ». « Crevures » aussi les Prussiens, avec qui ils n'avaient jamais échangé que des balles. Pour savoir qui était en face, les pioupious levaient des pelles au-dessus des sacs de sable. Si une balle trouait la pelle, c'étaient des Prussiens. Jean-Baptiste n'aimait pas les Anglais non plus, qui se saoulaient comme des grives à chaque permission.

Je l'écoutais, dents serrées, et je pleurais. Lui aussi finissait par pleurer. Je compris, au fur et à mesure que son départ approchait, qu'il avait peur, et j'eus peur à mon tour. Beauzac et Saint-Maurice avaient eu peu de morts au début de la guerre, mais en 1915, rien qu'à Confolent, il y en eut quatre : trois jeunes, dont le fils Courrier, qui avait travaillé chez nous, un beau petit gars de vingt-deux ans, costaud et gentil, et Marius Coutançon, le mari de ma lavandière, qui laissait sa femme seule avec quatre mioches sur les bras. La pauvre faisait pitié à voir. Je ne voulais pas finir comme elle. Il fallait faire quelque chose. Jean-Baptiste avait quarante ans et, avec trois enfants, il pouvait prétendre à un poste à l'arrière. Je pris le train pour Lyon et rendis visite à monsieur Wexler, un ancien client dont j'ai déjà parlé, et qui était mobilisé dans le matériel, à la région militaire. Il connaissait du monde. Il m'aiderait à faire revenir mon Jean-Baptiste.

Je n'étais pas venue sans rien. J'avais deux grands paniers avec du beurre, des volailles, du saucisson et du Pernod. Les braves gens aiment à rendre service, mais ça leur est bien plus facile quand on leur fait un petit cadeau. Monsieur Wexler me recommanda à une de ses relations qui était colonel au recrutement, justement tout près de la gare de Perrache. C'est là que je vis fonctionner pour la première fois un téléphone. On tournait une manivelle et on parlait dans un petit cornet. Et la personne qu'on appelait répondait. C'était vraiment extraordinaire ! Décidément, on n'arrêtait pas le progrès. Il paraît même que des gens volaient en l'air, comme les oiseaux, dans des appareils nommés aéroplanes. On en avait entendu parler dans le journal, mais je n'en avais jamais vu. Ce devait être vraiment curieux. Pour revenir au colonel, il appela un général qui parla avec un commandant, qui rappela le colonel qui me laissa espérer que peut-être il pourrait faire quelque chose. De retour à Confolent, j'appris, par le maire de Saint-Maurice, que la commune cherchait un commanditaire, sur réquisition de l'armée, pour abattre des arbres dans les gorges du Lignon, à Foye, au-delà des carrières. C'était du bois nécessaire aux tranchées, donc un soldat de la réserve pouvait se charger de ce travail. Je vis le maire, je vis le sous-préfet à Yssingeaux, le capitaine de gendarmerie au Puy, toujours avec mes paniers de poulets, de beurre et de Pernod. J'obtins des recommandations. Je retournai à Lyon chez le colonel, qui téléphona au général qui signa enfin un ordre de transfert, pour abattre les bois nécessaires aux tranchées.

Le dix avril 1916, Jean-Baptiste arriva en gare de Confolent. Il venait de Verdun, où son régiment avait été engagé dès le mois de février. Quand je lus, dans *le Nouvelliste*, en 1919, qu'il y avait eu quatre cent mille morts français à Verdun, je me dis qu'il l'avait échappé belle.

En fait, le retour de mon mari me donna du travail supplémentaire. Il n'eut pas le temps de reprendre le commerce. D'ailleurs, je m'y entendais mieux que lui, maintenant. Il lui fallut aller reconnaître les gorges de Foye, pour marquer les arbres avec les conseillers de Saint-Maurice. Il eut un prisonnier allemand pour l'aider, un brave bougre de la Forêt-Noire, nommé Hans, qui est revenu nous voir, après la guerre. Il fallut avancer l'argent pour acheter une paire de bœufs et deux triqueballes pour transporter les *buttes*. Mais enfin, il était là, il ne risquait plus la mort dix fois par jour, même si les coupes de bois peuvent être dangereuses.

Les gorges du Lignon sont très profondes, abruptes. Il s'agit d'une petite rivière sur laquelle, en 1911, la Compagnie Loire-et-Centre a installé deux usines électriques. La première est située à côté d'un petit barrage, juste en dessous des carrières ; la seconde, bien plus importante, est tout au fond des gorges. On a tracé pour cela un chemin le long de la rivière, et cette usine est une chute forcée. Deux gros tuyaux de fer amènent l'eau du réservoir d'en haut sur les machines qui produisent l'électricité. Je l'avais visitée avec Jean-Baptiste, juste après son inauguration par le préfet et le député d'Yssingeaux, Augustin Michel, je crois. Ces grosses machines rondes qui tournaient à toute allure faisaient un bruit terrifiant. Les ingénieurs avaient eu raison d'installer cette usine loin des habitations, dans ce coin perdu. C'est dans toutes ces combes que mon mari allait tomber des arbres. Ça s'appelait Foye, car c'était le nom de la ferme qui dominait les gorges et l'usine. Pour y aller, il fallait prendre le chemin devant le bistrot de la Nini Chaudeurge, passer sous les carrières et monter à flanc de colline, avec des à-pics au-dessus et au-dessous.

Jean-Baptiste commença en mai. En plus de Hans, il embaucha ce qu'il trouva, en guise de main-d'œuvre : quatre jeunes de seize ans pour abattre les arbres à la hache et à la scie, et deux blessés de la Marne, qui ébrancheraient les troncs. L'un avait perdu son avant-bras gauche et l'autre sa jambe droite. Ils passaient plus de temps à boire des canons de rouge qu'à travailler, mais ils avaient bien mérité de ne pas être abandonnés. Estropié à vingt-cinq ans, voyez un peu ce qu'il vous reste d'agréable à vivre !

La vie reprit, et le travail avec elle. La guerre s'éternisait, mais mon Jean-Baptiste était là, et ma foi, ça n'était plus mon affaire. L'expédition à la gare marchait très fort, l'hôtel-restaurant était plus calme. On m'envoya quelques soldats convalescents, car les hôpitaux ne pouvaient pas les loger tous. C'étaient de braves garçons généralement, qui ne rechignaient pas à donner un coup de main, quand c'était nécessaire. L'argent ne rentrait pas toujours bien vite, car l'armée n'était pas pressée de payer. J'avais moins de difficultés avec la réquisition. Le partage des marchés s'était fait à l'amiable, et Boyer avait compris qu'il était inutile de me faire des misères. J'étais aussi maligne que lui et je rendais coup pour coup. N'empêche qu'il fallait continuer les cadeaux pour obtenir rapidement un service : j'arrosais tout le monde, du chef de gare au moindre cheminot, mais du coup, personne ne me laissa jamais en plan. Entre toutes nos activités, à Jean-Baptiste et à moi, nous faisions vivre pas loin d'une trentaine de personnes, enfants compris. Jusqu'à la fin 1918, Jean-Baptiste usa quatre paires de bœufs, à charroyer ses buttes de pin. Il y prit quelques solides rhumatismes, après une fluxion qui me le tint au lit deux mois pleins, en novembre 17. Je faisais face, je m'occupais de tout, sauf de mes trois petites, qui grandissaient tout de même. Les femmes de l'hôtel et ma Marguerite, pendant les vacances, se chargeaient souvent des deux dernières.

Marguerite, à quatorze ans, était entrée en pension à Saint-Étienne, au cours privé de jeunes filles Sévigné. La maison m'avait été recommandée, et je voulais qu'elle eût une bonne éducation. L'instituteur de Confolent voulait l'envoyer plutôt à l'École normale du Puy, mais les établissements publics avaient mauvaise réputation. En fait, c'étaient surtout les filles méritantes du peuple qui y allaient. La bourgeoisie mettait ses enfants à l'école privée, et je dois dire que j'étais devenue un peu une bourgeoise, et que j'étais assez fière de dire que ma fille fréquentait les demoiselles de Sévigné. C'était une victoire : j'avais atteint mon but. Mes filles partiraient de plus haut que moi. La petite travaillait bien, elle avait une bonne tête et son père lui faisait réviser ses leçons et faire ses devoirs, quand elle venait en vacances.

En octobre 19, mon oncle Douplat mourut. Il avait soixante-trois ans et je le pleurai de bon cœur, car c'était un brave homme. Ma tante Rosalie, la sœur puînée de ma mère, le suivit six mois plus tard. On les enterra à Beauzac, dans un caveau qu'ils avaient acheté quelque temps auparavant, comme s'ils l'avaient senti venir. Ils me laissaient tous leurs biens : j'héritai donc de leur maison. Je dus simplement verser un petit quelque chose à deux petits-neveux, que je ne connaissais même pas. En venant travailler chez eux, à Confolent, j'avais promis de les soigner jusqu'à leur mort. C'est ce que j'avais fait, mais ils étaient partis trop tôt. Enfin, c'est la vie, et puis pas plus.

Je me souviens encore des emprunts pour la guerre : « Les bons Français donnent leur or pour la Défense nationale ». Comme tout le monde qui en avait, j'avais porté le mien, enfin pas tout, et on m'avait remis, à la perception de Monistrol, un beau certificat que j'ai toujours, un beau diplôme de bon Français. Mais je n'ai jamais revu les jaunets. Après la guerre, on m'a remboursé le capital et les intérêts aussi, avec de beaux billets de papier tout neufs, tout craquants. Je crois bien que les bons de la Défense étaient comme les emprunts russes de 1896.

À ce qu'il paraît, là-bas, les ouvriers s'étaient révoltés contre le tsar, celui que j'avais vu à Paris, et maintenant, c'étaient des communistes qui gouvernaient, on disait les Bolcheviks. Ils assassinaient tous les braves gens qui avaient du bien, et ils partageaient entre tous les pauvres. Je ne savais trop quoi en penser. Quelques années plus tôt, quand je voyais ma mère trimer pour nous nourrir, j'aurais trouvé l'idée bien bonne. À présent que j'avais des sous, je me méfiais des partageux. Et puis, j'avais vu des ouvriers, des paysans. Ils ne savaient pas se défendre ; il n'y a que les plus malins qui s'en sortaient. Ils se disputaient pour des bricoles, pensaient plus à boire et à s'amuser qu'à économiser. Certains n'étaient pas très vaillants, et ça, je ne le leur pardonnais pas. Il fallait toujours passer derrière pour vérifier que le travail avait été fait. Peut-être que s'ils avaient gagné plus ... Et puis, ils faisaient trop de petits, cinq, six, huit par famille. Les femmes étaient crevées par les couches, les hommes buvaient, et ça vous laissait des ardoises chez tout le monde, boulanger, épicier et bistrot. Une vraie misère.

La guerre prit fin et ce fut un grand soulagement. Quand la nouvelle arriva à Confolent, je me souviens qu'on n'arrivait pas à y croire. J'étais dans ma cuisine à boire le café. Il pouvait être quatre heures de l'après-midi. Je m'entends appeler de dehors. C'était Jean Montagnon, un cheminot qui faisait quelques extras chez moi.

« Madame Blachon, Madame Blachon !

— Qu'est-ce qui arrive, Jean ? je lui dis.

La guerre est finie, les Boches ont capitulé.

— C'est une blague, que je lui fais.

Non, non. C'est Tiennot, le mécano de Saint-Étienne qui vient de nous l'annoncer au train de quinze heures dix-sept. Même qu'ils ont mis deux drapeaux sur la loco.

— Eh bien ! voilà une bonne chose de faite. »

Je lui offris la gnole, pour le coup. Là-dessus, il arrive des hommes de partout, et des femmes aussi, et tout le monde se met à parler et à rire et à s'embrasser et à danser et à chanter. Je ne pouvais pas faire moins que d'offrir la tournée générale. Le travail s'était arrêté partout. Dehors on criait : « La guerre est finie. » Les gamins galopaient dans tout le village pour annoncer la bonne nouvelle. Le père Valogne vint de la gare avec un drapeau, et un défilé s'organisa. Les uns montèrent à Beauzac pour prévenir le maire, d'autres à Saint-Maurice. Un peu plus tard, on entendit sonner les cloches, le tocsin. Je vous prie de croire que tout le monde était heureux. On allait pouvoir reprendre la vie comme avant.

Les soldats allaient rentrer. Quelqu'un avait prévenu Jean-Baptiste à Foye, et il arriva une heure après, riant et pleurant en même temps. Même le pauvre Hans, l'Allemand, était heureux.

Quelques mois plus tard, je fis les comptes de ces quatre années terribles. J'avais travaillé comme une bête, mais j'avais gagné de quoi rembourser mon hôtel et j'avais une belle pelote à la Caisse d'Épargne. À quarante ans, j'avais fait fortune. J'avais acheté 792 bouteilles de Pernod et j'en avais bien distribué plus des trois quarts. Une partie du village avait survécu grâce à moi. J'avais envoyé plus de trois cents colis au front. Le piano de la fille du chef de gare n'avait pas coûté trop cher à son père. Mais après tout, sans cela, je n'aurais pas pu travailler. Un soir, au lit, que Jean-Baptiste s'étonnait de l'argent que j'avais gagné, je lui dis :

« Tu vois, mon pauvre Jean, ce que j'ai fait pendant la guerre, toi, tu ne l'aurais pas fait.

— Peut-être bien, me dit-il en haussant les épaules et en souriant, peut-être bien ! »

Il se tourna de l'autre côté et s'endormit.

Moi, je songeais. Je commençais à en avoir assez de la restauration et des pommes de terre. Il me fallait autre chose.

VII

On crut que tout allait recommencer comme avant. Et c'est bien ce qui se passa jusqu'en 1920. Les affaires reprirent très fort, comme si les gens voulaient oublier ces quatre années de cauchemar. On mangeait, on buvait, on s'amusait, on travaillait aussi. Pourtant, quelque chose avait changé. Beaucoup d'hommes étaient revenus, mais aussi beaucoup n'étaient pas revenus. Les femmes seules abandonnèrent les fermes et filèrent à la ville avec leurs enfants. Certains poilus, après quatre années d'enfer, avaient perdu le goût du travail. Ils faisaient de longues stations dans les bistrots, en discutant, en jouant à la manille. Pour les blessés qui touchaient une petite pension, ça allait encore, mais pour les autres ... Les femmes avaient pris des habitudes d'indépendance, et c'était bien normal. Certaines s'en allèrent ou même flanquèrent leur homme à la porte.

Ainsi le Guste Mounier. Il avait laissé son Émilie avec deux petits, il y en avait un troisième quand il revint. Évidemment, ça ne fait pas plaisir. Il buvait un peu avant 14. Il s'était mis à boire un peu plus jusqu'en 18 et, après son retour, ce fut une véritable éponge. Un soir, il battit son Émilie plus que de coutume. Les voisins l'entendirent crier longtemps, sans oser intervenir. Le lendemain, de retour du bistrot complètement saoul, il trouva porte close. Elle refusa d'ouvrir, et il alla cuver son vin dans un fossé. Avec ses petits, l'aîné n'avait que huit ans, l'Émilie tint bon pendant trois semaines. Un soir que le Guste avait failli casser la porte à coups de pied, de la fenêtre du premier, elle lui lança un grand seau d'eau sur la tête, et un baluchon suivit avec ses hardes.

« C'est pas la peine de revenir, je te veux plus ici, sac à vin, méchant bougre, fiche-moi le camp. » Le Guste l'avait traitée de tous les noms, « et garce, et putain, et salope » , mais rien à faire. Trois jours après, il prit la route de Saint-Étienne. Il trouva à s'embaucher à la Manufacture d'armes et de cycles, la Manu. Mais il n'y resta pas longtemps. Il se fit mettre à la porte pour avoir boxé un contremaître, et je crois qu'il est mort en 26 ou 27, du côté de Draguignan. Je ne sais fichtre pas ce qu'il était allé faire là-bas. L'Émilie qui vivait dans la maison de ses parents, y installa son coquin, un Séraphin Berger de Pradelles, un peu ours, mais vaillant. Ils sont restés au Pont, paraît-il. Lui a travaillé à la papeterie jusqu'à sa retraite. Il est mort en 57 ou 58, je ne me souviens plus. Elle, elle reste chez sa fille, qui a repris la maison de Confolent. Du brave monde quand même ! C'est dommage pour le Guste, qui n'était pas le mauvais bougre ! Sans cette guerre, il n'aurait pas fini comme ça.

Je disais donc que les affaires n'étaient pas tout à fait comme avant. Les ouvriers ne se laissaient plus faire. Quand ils n'étaient pas contents, ils demandaient leur compte, et hop, je t'ai vu, viens me chercher si tu veux. Ils n'avaient pas complètement tort, puisqu'on manquait de bras. Les paysans vendaient leur paille de plus en plus cher. Le Pernod avait pris 20 sous par litre. Il y avait quelque chose de détraqué dans le commerce : tout augmentait. Je n'y comprenais plus rien. Les clients se plaignaient que le canon de rouge soit à 2 sous, mais le Matthieu

Colombet de Beauzac m'avait doublé le prix du litre. Qu'est-ce que j'y pouvais, moi ! Là-dessus, on avait retiré les pièces en or. Plus de louis ; on vous donnait de beaux billets de papier, avec la République imprimée dessus. Ça ne valait rien, ça ! Parlez-moi d'un bon Napoléon de 20 francs qui pèse lourd dans le creux de votre paume ! Ça, c'est de l'argent, et du bon ! Les louis, il n'y a rien de mieux. J'en avais quelques-uns de côté, avec le Badinguet et sa barbiche gravés sur la face. Le bruit avait couru que l'État les prendrait tous et que les gendarmes passeraient dans les maisons avec un appareil pour trouver ceux qui étaient cachés. Les miens étaient dans trois bocaux pleins de sciure — car dans la sciure, l'appareil ne trouvait rien — dissimulés derrière mes conserves, au fond de la cave. Les soirs, je descendais parfois vérifier s'ils étaient toujours là. Je les avais sués, ceux-là, et je n'avais pas envie de me les faire voler, ni par l'État, ni par qui que ce soit.

En mars 1920, je pris la décision de liquider le fonds de paille et de pommes de terre. Je le vendis, et bien, à Jean Morel, un jeune de Beauzac, qui n'était pas sot et qui me proposa aussi de reprendre l'hôtel-restaurant. J'hésitai un peu : Jean-Baptiste n'était pas bien d'accord, mais finalement l'affaire se fit pour 20000 francs tout ronds. Il me fallait à présent replacer mon argent. Jean-Baptiste avait envie d'aller à la campagne et de faire le paysan. On se mit à chercher une ferme avec une maison convenable. On nous en proposa une du côté de Rosières, aux bords de la Loire, vers le Puy, le chef-lieu. Malheureusement, il y avait du terrain inondable, et j'avais trop le souvenir de 1906. On chercha ailleurs, et je trouvai enfin à Montcoudiol, commune de la Séauve-sur-Semène, une grande propriété : 54 hectares, un château, deux fermes et des bois, qui appartenait à une madame Samuel de Saint-Just-Malmont. Elle l'avait achetée à des industriels du Crouzet, un petit village de Saint-Didier-en-Velay. Ils fabriquaient du carton dans une usine au fil de l'eau, qui employait une centaine d'ouvriers. Je quittai la papeterie de Pont-de-Lignon pour m'installer au-dessus de celle du Crouzet. Les propriétaires étaient deux frères, messieurs Marchampt de la Combe, Jean et Auguste. Chacun avait son château, l'un près de l'usine, l'autre à Montcoudiol, à dix minutes à pied, juste au-dessus. Pour moderniser l'usine, vers 1900 je crois, ils avaient vendu Montcoudiol à madame Samuel. Lorsque celle-ci voulut revendre pour s'installer à Saint-Étienne, les Marchampt de la Combe, dont les affaires allaient mieux, voulurent lui racheter la propriété qu'ils considéraient comme un bien de famille. Mais elle ne voulut jamais. Ils lui avaient fait des histoires pour une question de bornage, disait-elle, au-dessus du chemin des Côtes, et elle s'était juré de ne jamais leur revendre.

C'est comme ça que je devins châtelaine et fermière, mais pour 40000 francs. Jean-Baptiste me répétait sans cesse que, lorsque j'avais 2 sous, j'en achetais pour 4. Ça doit être une manie chez moi, mais je n'ai jamais eu à m'en repentir. Avec l'augmentation du coût de la vie, ce n'est pas avec 40000 francs que je pourrais acheter Montcoudiol aujourd'hui. Bien sûr, il fallut se serrer un peu la ceinture, au début. J'avais réemprunté à droite et à gauche, mais les gens me connaissaient et me faisaient confiance. J'ai toujours payé recta ce que je devais. Jamais un sou de retard. Je n'aimais pas avoir des dus. En revanche, il m'arrivait de prêter de l'argent ou de donner des choses. J'avais de la peine à refuser. On ne se refait pas.

Mon frère Romain se maria en 1919, juste à la fin de la guerre. Il s'était amouraché d'une femme du Nord, de Thumignies je crois. Je ne sais plus très bien. Il m'avait écrit pour me demander trois sous, pour s'installer. Le pauvre, il n'avait rien. Ma mère ne lui avait pas donné d'argent, prétextant les colis de la guerre. Je n'ai jamais su ce qui s'était passé entre eux, s'il avait croqué la grenouille de ma mère ou quoi. J'ai déjà dit qu'il s'était engagé pour sept ans. À la fin de son temps, la guerre éclate. Il en reprend pour quatre ans, et du sérieux, cette fois. Je ne sais pas comment il a pu passer à travers tous ces massacres. Il a dû avoir de la chance. Quatre ans de guerre et pas une blessure ! Il avait bien été gazé en 1915, mais pas trop gravement. Il n'avait pas de pension. Pourtant, comme il est mort à cinquante ans, en 38, juste un an après mon pauvre Jean-Baptiste, le gaz doit bien y être pour quelque chose.

Onze ans d'armée ! Ce pauvre Romain ! De quoi devenir un bon à rien. Eh bien non ! Voilà qu'il m'écrit : « Je me marie. » Elle s'appelait Léonie. Mais comme je me méfiais un peu, après tout, je ne la connaissais pas cette Léonie, je n'envoie pas d'argent. Je demande un wagon à Valogne, j'étais encore au Pont, à cette époque, et je le remplis de meubles : un lit, un sommier, un matelas, le vieux buffet de la tante Douplat, une table et quatre chaises, et des draps et des torchons et un peu de vaisselle de l'hôtel. Ce n'était pas du neuf, bien sûr, mais enfin propre et en bon état. On ne peut pas donner sa chemise, il faut parler que tout aille, comme disait ma grand-mère Teston. Je ne sais pas ce qui leur a pris. Ils ont bien dû recevoir le wagon, puisque le chemin de fer ne l'a pas renvoyé. Mais pas un mot de remerciement. Rien. C'était un peu raide, ça. À croire qu'ils étaient fâchés de mon cadeau ! Ah ! je me suis dit : « Réclame autre chose, je te répondrai, moi, une autre fois. » Ce n'était sûrement pas Romain, encore qu'il était un peu *traversou,* et que je ne m'étais jamais bien entendue avec lui. Tout de même, il ne m'aurait pas fait ça. J'étais sa sœur ! Ça devait être cette femme. Sacrée Léonie ! Il me l'a amenée, plus tard, à Montcoudiol. Elle était plutôt jolie, mais elle se donnait des airs, et puis, elle ne parlait pas comme nous. C'est bien simple, quand elle causait, je ne comprenais pas ce qu'elle disait, j'étais toujours obligée de la faire répéter. Je crois que ça l'agaçait. Ce qui l'embêtait encore plus, c'est quand on parlait patois avec Romain, ou même avec Jean-Baptiste. Elle ne comprenait rien ni à l'ardéchois, ni au patois de la Haute-Loire. Et puis, elle me le nourrissait mal, ce pauvre Romain. Le soir, ils ne mangeaient que des tartines pleines de beurre, au lieu de lui faire une bonne platée de pommes de terre ou de choux, ou une bonne ventrée de châtaignes ! Enfin, elle avait des manières d'ailleurs, pas de chez nous. Quand ils repartaient (lui était cheminot à Terrenoire), ils emmenaient toujours une *mollette* de beurre, puisqu'elle l'aimait tant, des pommes de terre de mon jardin et une poule de ma basse-cour. Et puis, ils ont eu une petite, Clémence, une bien bravounette qui est venue souvent, en été, prendre le bon air.

Mes petites à moi grandissaient aussi. Mon aînée allait sur ses dix-sept ans et elle faisait une jolie fille. Elle avait fini ses études à Saint-Étienne et elle avait réussi son brevet supérieur. Elle en savait presque autant que son père. Pour l'année suivante, elle s'était inscrite à un cours ménager à Saint-Didier, et je la mis à son trousseau. Il fallait bien y penser. Ces choses-là arrivent parfois plus vite qu'on ne croit. Madeleine avait neuf ans et descendait à l'école au Crouzet, chez monsieur Miallon, avec sa sœur, la petite Émilie, qui apprenait juste à lire. J'avais une fille prête à marier, et ma dernière sortait juste des langes. C'est bizarre la vie, tout de même !

On s'installa donc à Montcoudiol, avec dix vaches, dans la ferme du haut, puisqu'un fermier, le père Menet, occupait la ferme du bas. Mais on utilisa deux chambres du château, une salle à manger, le grand salon de l'aile gauche et la cuisine sous la terrasse. Habiter toute cette bâtisse aurait été trop compliqué et trop cher. Le bâtiment comportait 17 pièces, 52 fenêtres et des kilomètres de couloirs. Sur le devant, on entrait par un perron de quatre marches, dans un long couloir au fond duquel s'ouvrait la montée d'escalier. À gauche, une grande salle de séjour continuée par un grand salon et une cuisine donnant sur une galerie, à l'arrière. À droite, une deuxième salle à manger, un petit salon et une grande cuisine sombre, avec une petite souillarde qui ouvrait sur une deuxième galerie couverte.

Le premier étage comportait une petite chambre qui donnait sur le perron et deux grandes chambres à droite et à gauche, celle du fond avec une alcôve. De part et d'autre de l'escalier, un long couloir desservait ces chambres et était éclairé par une grande galerie couverte d'une toiture de zinc. Le second était comme le premier, mais il n'y avait pas de galerie. Ajoutez à cela un grand grenier et une cave voûtée. C'était immense. Autour de la maison, devant comme derrière, un clos de 16000 mètres et un potager de 3000 , donnant sur une réserve, cour et écurie, qui communiquait avec la ferme du bas, par une porte de grange. À 1 kilomètre à l'ouest, en montant, au bord des bois, la deuxième ferme, celle qu'on faisait, Jean-Baptiste et moi. Madame Samuel me dit, en signant l'acte, qu'elle avait un locataire pour le château, l'été, si je voulais bien naturellement : un certain docteur Merthail de Lyon, et elle me donna son adresse. Il faut croire que le coin leur plut, car lui ou des membres de sa famille viennent à Montcoudiol pour les trois mois de vacances, depuis quarante-deux ans aujourd'hui.

Et on se mit au travail de nouveau, Jean-Baptiste et moi et les petites, enfin, quand elles n'allaient pas à l'école. La vie de paysanne est rude. Traditionnellement, l'homme s'occupe du labourage et des bêtes. Son domaine, c'est l'écurie. C'est lui qui fait la *pache* avec le boucher pour vendre les veaux, mais jamais sans l'accord muet de sa femme qui, en fait, tient les cordons de la bourse. La fermière donc s'occupe de son intérieur et de la cuisine, comme n'importe quelle femme, et en plus, elle a la basse-cour et le beurre et le fromage. Mais tout cela représentait moins de travail que l'hôtel, le restaurant et le fonds de commerce pommes de terre, paille. Alors parfois, quand j'avais fini ma tâche, en attendant d'entreprendre autre chose, je m'asseyais sur un vieux banc de pierre, sous la fenêtre de la cuisine, et je songeais, je rêvais, je regardais les herbes qui n'arrêtent pas de pousser et les hirondelles qui n'arrêtent pas de voler. Et Jean-Baptiste, s'il sortait de l'écurie, en me voyant rêveuse, me demandait en souriant : « Tu t'ennuies, Antoinette ? L'hôtel te manque ? »

Et je lui répondais :

« Oh que non ! Ça ne me manque pas. Je me repose. »

C'est vrai que j'étais contente de me reposer. J'avais mené une vie de folle, de vingt à quarante ans. Je n'avais pas vu le temps passer. Mes petites avaient grandi sans que je m'en aperçoive. Mon Jean-Baptiste avait pris des cheveux blancs, et moi aussi j'avais vieilli. J'avais maigri, mon visage s'était durci. Ces moments de calme me faisaient vraiment plaisir, même s'ils étaient de courte durée. De toute façon, il fallait que je fasse, que je m'agite. J'avais la bougeotte. Ce qui me changeait, c'était qu'ici je pouvais souffler de petits instants avant de commencer un autre travail, alors qu'à l'hôtel, avec les clients, je ne soufflais jamais.

Je retrouvais un peu la vie de La Rouvière, sauf que le climat était plus rude. L'hiver, la neige restait parfois un bon mois. Le chemin qui menait à la grand-route montait d'abord le long du mur du potager, en plein nord, le petit mur, comme l'ont appelé mes petits-enfants plus tard, puis, toujours au nord, vers une flotte de pins qu'on appelait le petit bois. Les congères s'y formaient quand soufflait la bise, et il nous est arrivé d'être bloqués une semaine complète, en 1927 ou 1928. À part ça, l'hiver, on était bien tranquille. On n'avait que les vaches à traire, les poules et les lapins à s'occuper. Jean-Baptiste lisait près du manteau de la cheminée où j'avais fait placer un bon fourneau dans lequel on brûlait le bois coupé à l'automne. Les petites répétaient leurs leçons, et moi je faisais la couturière. J'habillais toute ma maisonnée avec des coupons que j'achetais à Firminy, chez un grossiste, et que je cousais sur une superbe Singer à pédale, que j'ai toujours gardée. Ce n'était pas toujours parfait mais mes petites n'ont jamais eu honte des robes que je leur taillais. Bien sûr, aucune ne fut jamais habillée comme je l'avais été par ma tante, à Paris. Une fois, ma Marguerite ramena de son cours ménager une robe à pois qu'elle avait cousue elle-même, dont elle était très fière et qui lui allait bien, il faut le reconnaître. Comme elle se pavanait devant la glace de l'armoire, je lui rabaissai son caquet :

« Jamais tu ne m'arriveras à la cheville, ma petite, quand j'étais à Paris ! »

Au printemps, je n'avais plus le temps. Les vaches avaient de nouveau beaucoup de lait, les poules des œufs, et je me mettais au jardinage. Mon potager m'a toujours fourni tous les légumes en quantité suffisante, et des prunes, des poires, du raisin, des groseilles et des cassis. On avait aussi un grand carré de fraises. Dans le clos poussaient trois cerisiers et une trentaine de pommiers, pommes d'août et Canada. On en ramassait plusieurs tombereaux, les bonnes années. Enfin mon jardin me fournissait 4 ou 5 quintaux de pommes de terre, la nourriture de base de la campagne. Je me souviens, j'avais d'abord planté des Abondance, qui donnaient affreusement. Mais elles n'étaient pas très bonnes. Bientôt, je ne les utilisai plus que pour la pâtée des cochons, que je faisais cuire dans une grande chaudière installée sur un foyer de briques, juste à côté de leur cabane et de leur parc, derrière la grange. Avec des choux et du petit-lait, j'engraissais chaque année six cochons. On en tuait deux en hiver et on vendait les quatre autres, quand il n'y avait pas de maladie.

Tuer le cochon, c'était une habitude de la montagne. Chez moi, à La Rouvière, on n'élevait pas de porcs, du moins pas chez nous. Il faisait trop chaud, la viande aurait chauffé. Le cochon de l'Ardèche, c'était le ver à soie. Mais à Saint-Maurice, mon mari en avait vu tuer toute son enfance. C'est lui qui me conseilla donc, pour l'élevage, mais comme il ne voulait pas tuer lui-même, on fit appel à un paysan qui nous aidait toute la journée, qui nous dirigeait même. En effet, il faut bien une journée de travail, pour dépecer et préparer un cochon de 300 livres. J'élevais des petits cochons anglais, aux oreilles roses, courtes et bien dressées, qui avaient beaucoup moins de lard que les autres. On venait de les sélectionner, et c'est vrai qu'ils donnaient bien plus de viande.

Deux jours avant, on avait isolé le candidat dans la *soue*, et on l'avait fait jeûner. Il ne fallait pas qu'il ait les boyaux trop pleins, sinon on « s'emmerdait » considérablement. La bête braillait, mais il le fallait bien. J'avais acheté un moulin à broyer la viande et une petite embosseuse pour les saucissons. Le matin du jour prévu, Jean Mogier arrivait avec sa femme, ses trois grands couteaux et le plan de travail avec ses deux roulettes à l'avant, qu'il conduisait comme une brouette. Les deux hommes et le petit Claude Morel, qu'on avait *pris à maître* pour garder les vaches, attrapaient le cochon et le tiraient jusqu'au plan de travail sur lequel ils essayaient de l'attacher. Mais la pauvre bête, qui se doutait de quelque chose, tirait en arrière, ruait, essayait de mordre et poussait des couinements aigus à vous faire retourner un mort dans sa bière.

Dès qu'ils l'avaient attaché, tout allait très vite. Jean Mogier donnait un grand coup de couteau dans la gorge du cochon dont les cris cessaient aussitôt. Un flot de sang sombre s'écoulait dans un seau que la Zoé Mogier maintenait bien dessous. Ensuite, les hommes préparaient des faisceaux de paille avec lesquels ils brûlaient les poils. Après, ils frottaient la peau noircie avec une brosse en chiendent et de l'eau chaude, et pour finir, avec des pierres râpeuses. Le cochon semblait tout rose, avec quelques auréoles noires de-ci de-là. J'étais étonnée de la vigueur avec laquelle Jean Mogier et Jean-Baptiste frottaient la peau de la bête. Finalement, c'est solide une peau de cochon, peut-être bien autant qu'une peau d'homme.

Après cela, la dépouille était suspendue par les pieds de derrière contre le pilier de l'appentis. Jean coupait la tête et taillait dans le ventre avec son couteau tranchant, à la lame déjà réduite de moitié par l'usage. Il sortait la ventraille toute bleue et commençait à dépecer la bête, à la découper, à trancher à petits coups précis dans la viande fumante. Je n'avais pas le loisir de voir la suite, car le travail commençait, pour nous les femmes. Il fallait vider les boyaux et les laver à grande eau d'abord, puis les rincer avec de l'eau chaude salée. Les petits étaient mis de côté pour les saucisses et le boudin, et les gros pour les saucissons et le jésus. On mettait à cuire les deux jambons, car les saler demandait trop de temps et de savoir-faire. Et au fur et à mesure qu'arrivaient les morceaux, on faisait du mélange, un peu de maigre, un peu de gras pour la chair à saucisse. Je mettais dans le sel un grand pan du manteau de lard, car mon Jean-Baptiste aimait bien en trancher un peu sur le pouce, le matin, avec un morceau de pain de seigle.

Au milieu de la matinée, on faisait manger les hommes, lard et fromage, avec une chopine de rouge. Quand ils avaient fini le découpage de la bête, on suspendait la tête et la queue du cochon au manteau de la cheminée, ils se mettaient aux saucissons, et nous les femmes, au boudin. On faisait cuire le sang avec des aromates, des épices, de l'ail, de la crème. On faisait des saucisses aux herbes, on dégraissait de la couenne pour coudre des jambonnettes. Avec l'estomac, Zoé m'apprit à confectionner des pâtés, des crépines comme elle les appelait, et c'était fameusement bon, surtout qu'elle y mélangeait des herbes et du chou.

À la fin de la journée, nous étions tous épuisés. Les côtes et la longe me faisaient de la bonne viande pour quinze jours, tout le reste était salé, cuit, enveloppé, prêt à se conserver jusqu'à l'année suivante. En fait, il m'arriva de garder un saucisson deux années entières, pour voir justement. Il était sec comme un coup de trique, mais bien bon. Généralement, on ne laissait pas le temps au cochon de vieillir trop. On le mangeait en deux mois, lard et saucissons exceptés. Rien n'était perdu. Jean Mogier qui revenait chaque année pour tuer disait en riant : « Vous voyez, Madame Blachon, dans le cochon, tout est bon. » Et ma foi, c'est bien vrai.

En été, on tuait plutôt un ou deux moutons, parce qu'il faut tuer le cochon en hiver. La viande ne supporte pas la chaleur. Un jour de gel où, le soir, le ciel est piqueté d'étoiles bien brillantes et où la terre est dure sous vos sabots, comme une pierre, voilà un bon jour pour le cochon. Vous fumez par le nez et par la bouche, tellement il fait froid. Si en plus il souffle un peu de vent du nord, c'est parfait. Votre viande, installée au saloir, toujours ouvert sur le nord, se conservera bien. Saucisses et saucissons sécheront parfaitement, et rien ne se perdra. Mais si par malheur il fait doux avec de la pluie, autant payer la journée à l'homme qui vous aide et le renvoyer pour un autre jour, car tout ce que vous feriez ne servirait à rien. Vous *dauberiez* votre marchandise, et ce serait dommage de perdre un brave cochon que vous avez engraissé trois mois de rang. En été, c'était donc au tour des moutons. Ça a plus de goût comme viande, mais il y a moins d'utilisation. Et puis j'avais mes lapins et mes poules. En somme, pour ce qui est de la bidoche, on se débrouillait. Il ne fallait pas se plaindre. Et pour les légumes, comme je disais, il y avait mon potager. Jean-Baptiste ou le petit Claude me le bêchait.

Pour en revenir aux Abondance, ce n'était pas de bonnes pommes de terre, et je le savais depuis longtemps. Alors, j'ai essayé les Fin-de-Siècle, qui avaient une chair plus ferme, mais une grosse peau et qui ne conservaient pas bien. On avait beau les étendre sur un sol bien sec, à la cave, dans le noir, les fanes venaient presque tout de suite. Sacré nom d'un chien, il n'y avait pas moyen. Une année, Jean-Baptiste m'avait fait un bâtis de planches. Rien à faire, ça germait de même façon. À la fin des fins, j'en ai eu assez. Un jour de marché, je suis allée au Syndicat Agricole qui venait de se créer à Monistrol. C'était en 26 il me semble, ma Marguerite venait de se marier. Je vais voir Pétrus Faure, que je connaissais bien. Quand il était gamin, il écumait la Loire, de Gournier à Bransac, et je lui achetais sa pêche pour mes clients qui voulaient du poisson frais de la Loire.

« Bonjour Pétrus, je lui fais. Ça va les affaires ?

— Comme ci, comme ça, Madame Blachon. Et chez vous, ça va aussi. Monsieur Blachon et vos petites ?

— Ma foi, je dis, pas trop mal. C'est mes pommes de terre qui ne vont pas. Ces Fin-de-Siècle, pas moyen de les empêcher de germer. Je n'arrive pas à les conserver. Autrefois, au Pont, j'avais des Arembanaires. Ça, c'était de la *truffe*, ferme, bon, et de bonne conservation. Tu ne m'en trouverais pas quelques kilos de semence ? »

Je le tutoyais, je l'avais connu en culottes courtes.

« C'est que ça ne se fait plus, qu'il me dit. Mais il existe une nouvelle variété qui vient de Hollande. Les gens en sont contents ; la Bintje, qu'on l'appelle. Si vous voulez essayer ?

— Bon, je veux bien, mais j'aimerais autant que tu me retrouves de ces Arambanaires quand même. Ça vous faisait une soupe du tonnerre, parfumée, épaisse et tout.

— Écoutez, Madame Blachon, je vous mets 10 kilos de Bintje. Je vais écrire à Lyon, aux magasins centraux, et s'ils en ont encore, de l'Arambanaire, je vous en fais mettre de côté. Mais il faudra bien compter un bon mois. »

Je dis d'accord, je paye, je demande des nouvelles de sa maman que j'avais bien connue au Pont, et je m'en vais. J'ai planté ses Bintjes. C'est vrai qu'elles étaient bonnes, surtout quand on les faisait sauter à la poêle, mais pour la soupe, ce n'était pas tout à fait ça. Eh bien ! Ce sacré Pétrus, il me les a trouvées, mes Arambanaires, et j'en ai planté un carré au jardin, et j'en ai toujours gardé 1 kilo comme semence, d'une année sur l'autre. Et tout le monde m'a toujours dit que ma soupe était la meilleure.

Il ne faut pas chercher. C'est les Arambanaires. Pour la soupe, on n'a jamais fait mieux.

Et puis il y avait, les jeudis, le grand marché à Firminy. J'y descendais avec une de mes filles presque chaque semaine. On portait deux grands paniers chacune, plus ou moins pleins selon la saison : quatre douzaines d'œufs, 8 livres de beurre et des chèvretons en faisselles. Je continuais de les appeler comme ça en souvenir de l'Ardèche, mais en fait, c'était du lait de vache. Je n'ai jamais eu de chèvres à Montcoudiol, le terrain était trop bon pour elles. Je rajoutais quatre ou cinq poulets et deux ou trois lapins. On partait tôt le matin, à pied par le Gandillou, jusqu'à Pont-Salomon. On montait la grand-route jusqu'à la gare et on prenait le train de huit heures quarante-sept qui nous laissait à Firminy à neuf heures quatorze. En sortant de la gare, on n'avait plus qu'à monter tout droit jusqu'au Breuil, où se tenait le marché, au pied de Saint-Firmin, la plus noire église que j'aie jamais vue, sans doute à cause des mines de charbon.

Je m'installais sous la halle couverte qui était réservée aux producteurs et interdite aux négociants. Il y avait là une cinquantaine de paysannes, entourées de paniers de légumes, de lait, de fromages, d'œufs et de bêtes de basse-cour. Il fallait amener son pliant, car il n'y avait rien pour s'asseoir. Et on attendait la pratique. Au début, on ne me connaissait pas.

La vente était longue et il m'est arrivé de ramener de la marchandise. Mais, sans me vanter, je ne portais à Firminy que mes meilleurs produits, et les gens ont vite compris qu'avec moi il n'y avait pas de *roule.* Après quelques mois, j'étais rarement la dernière à partir. Et puis un jour, j'en ai eu assez de planter là, sous cette halle toute froide. Alors je me suis entendue avec la Julie Robin, qui tenait une crémerie place Carnot, de l'autre côté de la Grand-Rue. D'abord, elle m'a pris tout ce que je n'avais pas vendu, ça m'arrivait quand même de temps en temps, et puis bientôt je me suis mise à lui porter toute ma production. Certains jeudis, je me contentais de descendre mes paniers à la gare, où je connaissais un employé, un ancien de Confolent. Je les mettais au train et je passais me faire payer une fois par mois. C'était plus commode. J'avais de quoi être fière, car la Julie m'a toujours fait des compliments pour mon lait et mon beurre.

« Ah, Antoinette, elle me disait, j'ai des clientes qui ne veulent que de vos produits. Tenez, la petite bonne de madame Dutrait-Lalongue, la femme du directeur des Mines, elle me dit toujours : “Pas d'autre beurre que celui de madame Blachon”. » Alors bien sûr, ça fait plaisir. Mais peut-être bien que la Julie Robin, qui était une sacrée “maline”, disait ça à toutes les fermières qui la fournissaient.

Madame Dutrait-Lalongue était une grande dame. Je l'avais vue passer une fois dans la Grand-Rue, dans une belle voiture, avec un chauffeur à moustaches et à casquette, une De Dion-Bouton, paraît-il, qui pétaradait tant et plus et crachait une fumée abominable. La femme du directeur des Mines portait un chapeau à plumes de paon et un boa autour du cou. C'était une élégante qui me rappelait ma tante Amélie. C'était bien loin, tout ça. Je n'étais pas devenue parisienne, j'étais restée provinciale. Ce n'était pas plus mal. J'étais plus souvent en sabots qu'en bottines de chevreau. Je faisais moins de manières que cette dame, mais, si ça se trouve, j'avais bien autant de sous qu'elle, et peut-être même plus. En tout cas, j'avais la satisfaction de les avoir gagnés, mes sous, par mon travail et mon à-propos dans les affaires. Peut-être aussi fallait-il de la chance ! Je connaissais des gens qui avaient travaillé comme des bêtes, et qui ne s'étaient pas enrichis. Je ne sais pas comment ils s'y étaient pris. Ils n'avaient pas su y faire, ils n'avaient pas eu l'intelligence ou la malignité. C'est sûr qu'il ne fallait pas être trop bon ; du travail, beaucoup de travail, mais pas trop de scrupules !

Mon Jean-Baptiste ne se serait pas beaucoup enrichi, je crois. Il avait trop d'honnêteté, ou plutôt, ça ne l'intéressait pas. Lui, à part ses livres et les discussions entre amis… Et puis, il aurait eu trop peur de faire tort à quelqu'un. Il m'avait dit, une fois, à Montcoudiol :

« Antoinette, en y réfléchissant un peu, hein. Les richesses de la Terre sont limitées à la grosse boule qu'elle est. Bon, ça représente une énorme quantité d'argent. Si cette quantité ne change pas, si elle est toujours la même, et c'est obligatoire puisque la Terre ne grossit pas, eh bien ! si tu t'enrichis, si toi tu gagnes du bien, forcément, c'est que quelqu'un d'autre l'a perdu. D'une manière, ce que tu gagnes, tu le prends aux autres. J'ai parfois l'impression que c'est un peu du vol, non ? »

Je protestais : « Si tu y vas par là, alors, dis tout de suite que je suis une voleuse. »

Je riais bien sûr, mais un peu jaune. Il avait encore dû lire ça dans ses livres. Je me revoyais au Pont, allant de la cuisine de mon hôtel à la gare, me bagarrant avec la réquisition, et les petites, et les bonnes, et les clients, les représentants, les gendarmes et le chef de gare ! Hein ! Ce n'est pas lui qui avait fait tout ça. Je ne dis pas qu'il n'était pas vaillant, au contraire. Mais j'avais travaillé dur, moi, et je continuais. C'était bien normal que je gagne de l'argent. Et aller me dire après tout ça que j'étais une voleuse ! Il fallait oser ! Il était comme ça, mon Jean-Baptiste. Il ne m'a jamais reproché de l'avoir fait revenir de Verdun, en 16, et pourtant, si je ne m'étais pas débrouillée, c'est un autre qui serait revenu à sa place, et alors, qu'est-ce qu'on serait devenu ? Et cependant, mon Jean-Baptiste, c'était quelqu'un. Il parlait bien, il était de bon conseil. On voyait qu'il avait étudié. D'un certain sens, je comprenais ce qu'il voulait dire. Ce n'était pas totalement faux, mais ça m'aurait fait malice que le père Tarpin, qui était un ivrogne fini, qui battait sa femme et ses enfants, qui restait chez lui à boire des litres et à fumer des cigarettes, se soit enrichi autant que moi, qui travaillais du matin au soir ! Tout de même ! Il faut parler que tout aille ! Ma mère m'avait toujours dit : « Si tu travailles, tu gagnes, sinon, tu crèves. Ce n'est pas la peine d'être envieuse. » Et elle avait bien raison. Naturellement, il faut rester honnête. Il ne s'agit pas d'aller voler le brave monde. Ce n'est pas ce que je veux dire. Si j'avais voulu pourtant ! J'en aurais eu des occasions, avec les clients. Mais je ne sais pas. À cette époque, les gens ne volaient pas, enfin pas comme aujourd'hui, où on ne voit que scandales par-ci et scandales par-là dans le journal.

C'est comme l'histoire du chapeau de l'oncle Douplat. C'est pour dire que les gens étaient plus honnêtes ! C'était juste à la fin de la guerre ; j'étais au Pont encore. Mon oncle Douplat, qui m'avait laissé son fonds et qui me faisait encore un bout de potager, touchait une petite retraite de jardinier à la ville de Lyon, où il avait travaillé au parc de la Tête d'or, étant jeune, et où il avait fait connaissance de ma tante, comme je l'ai dit. Il avait donc quelques sous, et au lieu de les mettre à la Caisse d'Épargne, comme moi, ce que je lui avais déjà dit plusieurs fois, il avait préféré les cacher, pour ne pas les perdre, comme ça se faisait bien à cette époque. Il avait peur qu'on les lui vole, d'autant que sa retraite faisait des envieux, car c'était quelque chose de rare, en 1919. L'affaire, c'est qu'il ne se rappelait plus où il les avait mis. Voilà qu'un jour, ni lui ni ma tante ne viennent déjeuner le matin. Ils habitaient toujours leur maison, en face de mon hôtel, mais venaient manger chez moi. Sur les neuf heures, j'envoie ma Marguerite Rouchon, dite Margotte, frapper à leur porte, de peur qu'il leur soit arrivé quelque chose. Elle revient avec ma tante Rosalie et me dit :

« Madame Blachon, allez-y. Le tonton est enfermé dans la chambre, il ne veut pas en sortir, et je crois bien qu'il dit des sottises.»

Et elle me regarde d'un drôle d'air. Ma foi, je ne dis rien, je quitte ma cuisine et je traverse la rue. J'arrive sans bruit à la porte de la chambre et je l'entends qui parle et qui jure et qui *chougne :*

« Acré nom de Dieu d'Antoinette, elle m'a pris mes sous. Voilà que je les trouve plus à cette heure ! Acré nom de Dieu d'Antoinette ! Garce de fumelle ! Mes sous. »

Je n'étais pas trop contente qu'il m'accuse comme ça. Je ne lui avais rien pris, bien sûr ! Alors je toque au chambranle et je dis :

« Allez tonton Douplat, venez vite, que votre café sera froid !

— Oui, oui, je viens. »

Et je l'entends qui fourrage dans son armoire.

« Vous avez perdu quelque chose ? Ouvrez-moi, je lui fais.

Non, non, qu'il me fait, je viens de suite, petite ».

Je vais pour partir, je vois ma Margotte qui écoutait à la porte d'entrée. Quand elle me voit, elle se sauve vite à l'hôtel.

« Oh toi ! je me dis, tu ferais mieux de t'occuper du frichti de midi. Gare à toi si les pommes de terre ont attaché. » Mais ça m'avait mise en colère, cette histoire. Bon, là-dessus, le tonton vient boire son café. Moi, je ne lui dis rien, lui non plus. Mais je vois bien qu'il me regarde en dessous et qu'il y a quelque chose qui le tracasse. Il retourne dans sa maison ; ma tante reste à aider à la cuisine. J'attends un moment, et je dis à ma Margotte, l'air mauvais : « Reste ici, toi, que je ne te voie pas dans la rue. » Et je traverse à mon tour. Et je l'entends pareillement qui jure et qui fourrage dans son armoire.

« Acré vain Dieu d'Antoinette, elle m'a pris mes sous. Acré garce de fumelle ! »

Et de *baronter* une petite mallette à fermoir qu'il avait, et de faire claquer les portes de l'armoire. Le *foutrot* me prend et je rentre en coup de vent. Heureusement qu'il avait oublié de refermer à clé.

« Qu'est-ce que vous dites, je lui fais, que je vous ai volé vos sous ? »

Ah ! il était surpris, il ne s'y attendait pas ! Alors il me dit : « Non, non, j'ai jamais dit ça. Mais tu comprends, j'avais 500 francs là, en beaux billets tout neufs, eh ben ! je les ai plus. Quelqu'un les a pris. Mais je dis pas que c'est toi, hein, j'ai jamais dit ça ! »

Je voyais bien qu'il avait peur. Il n'osait pas me regarder.

« Écoutez, Tonton, je lui dis, vous ne vous rappelez pas où vous les avez mis. Je vais vous aider à les chercher.

— Oh, non, non, qu'il me fait méfiant. Que non, que non ! J'ai bien cherché partout : ils sont pas là. Y a rien à faire, y sont pas là ! C'est pas toi qui me les aurais mis à la Caisse d'Épargne, des fois ?

— Et non, Tonton, ce n'est pas moi, ou alors, je vous l'aurais dit. Pensez donc. »

J'avoue que j'étais bien embêtée. Cinq cents francs, ça n'était pas rien, à l'époque, nom d'un chien, sacré vieux têtu, va ! Comment il avait fait pour perdre 500 francs ? Alors bon, je retourne demander à mes femmes si, des fois, en faisant la chambre, elles n'auraient pas déplacé une boîte, ou une pile de draps ou de chemises, ou quelque chose comme ça. J'étais bien sûre que ce n'était pas elles, car elles n'étaient point voleuses, non. Curieuses et mauvaise langue, ça, oui, mais voleuses, pas guère. Et puis 500 francs, elles n'auraient jamais osé. C'est que ce n'était pas rien, 500 francs !

On était tous bien embêtés, quand tout à coup, le Tonton revient avec son costume des dimanches, et il me dit, tout *énervaté :* « Toinette, je monte au bourg, voir le maire pour mes sous. »

Moi je lui dis d'attendre, qu'on va regarder partout, que la maison n'est pas percée. Mais il ne veut rien entendre. Il veut monter au chef-lieu. Monte que monte, sacrée bourrique !

« Montez donc ! » je lui dis.

On s'attrapait parfois, et je n'étais pas toujours commode. C'est que pour faire marcher son monde, si on ne se gendarme pas, il n'y a pas moyen ! Il se met alors à tourner en rond et il nous dit :

« Voilà que je ne trouve plus mon chapeau neuf !

— Prenez l'autre, Tonton. Marguerite va vous y donner un coup de brosse.

— Non, non. Pour voir le maire, je veux mon chapeau neuf. Je suis tout habillé de propre. »

Tout à coup, ma Margotte s'écrie :

« Ouais, Tonton — tout le monde l'appelait Tonton —, vous risquez pas de le trouver, votre chapeau neuf. Vous l'avez oublié chez la Nini Chaudeurge avant-hier, et comme personne n'y est passé, il y est sûrement encore.

— C'est bien vrai, ma foi, qu'il fait, je m'en vais le chercher.

— Attendez, Tonton, vous fatiguez pas, je vais envoyer un petit de la Marie Coutançon. Il ira plus vite que vous. »

Il faut dire qu'ils étaient une bande de cinq retraités qui faisaient la manille presque tous les après-midi et, pour qu'il n'y ait pas de jaloux, ils changeaient de bistrot, un jour chez moi, un jour chez la Nini Chaudeurge, un jour chez le Paul Numet, histoire d'entretenir le bon voisinage. Il faut dire aussi que d'ici chez la Nini, ça faisait bien 3 kilomètres aller-retour. C'était à Pont-de-Lignon, sur la nouvelle route de Saint-Maurice. Le tonton s'assoit en attendant, et je lui ressers un petit bol de café. Le petit Coutançon revient avec le chapeau neuf. Ma Marguerite prend le chapeau et te lui flanque un tel coup de brosse qu'il tombe à terre. Elle le ramasse.

« Qu'est-ce que c'est ? qu'elle s'exclame. Vous avez des sous dans la doublure de votre chapeau. »

Et elle sort du rabat de dedans les cinq billets neufs de 100 francs.

« Oh ! Marguerite, que tu es sage ! C'est mes sous que j'avais perdus. Donne-moi-les vite. »

Et on se met tous à rire, à rire. Sacré tonton Douplat ! Il avait caché ses sous dans la doublure de son chapeau neuf et il les avait oubliés. Et le chapeau était revenu avec les 500 francs. C'est bien que le monde n'était guère voleur, à cette époque !

Naturellement, ma Marguerite raconta l'affaire à tout le village, tant et si bien que, pendant deux ou trois mois, quand les clients trouvaient le tonton Douplat, ils faisaient les arsouilles :

« Ah, Monsieur Douplat, que vous avez un beau chapeau ! Vous voulez pas me le donner, Monsieur Douplat, votre chapeau ? » et de rire, et de rire.

Il paraît même qu'on en a parlé jusqu'à Saint-Étienne, du chapeau de l'oncle Douplat.

Pour revenir à Montcoudiol, j'y ai travaillé dur aussi. Il fallait s'occuper de tout. Et puis la campagne réserve toujours des surprises. On est sans arrêt sur le qui-vive, et pour des choses qu'on croit qui n'en vaudraient pas la peine. Je me rappelle du pré d'en haut. Pas moyen d'y envoyer brouter les vaches. Un essaim de guêpes était enterré dans l'herbe, et elles me piquaient ces pauvres bêtes au museau que c'en était épouvantable. Je vais donc guetter avec les petites, et on finit par repérer le trou d'où sortaient les bestioles. Je plante un bâton à côté pour le retrouver. Et puis je descends faire chauffer une grosse casserole d'eau bouillante et je la monte vite jusqu'au pré, sans me la renverser sur les pieds. J'avais le bras tout paralysé, à force de la tenir loin de mes hanches. J'avais préparé un gros tampon d'étoupe aussi. Je dis aux petites de s'écarter, et vlan, je verse l'eau bouillante dans le trou et j'applique vite le tampon. Ça en a tué un bon paquet, sans doute. Mais j'avais oublié que certaines guêpes étaient dehors, et quand j'en ai vu une, puis deux, puis trois, puis une dizaine qui *zonzonaient* autour de moi, j'ai tout lâché et je me suis sauvée. Ah, je n'ai pas traîné, je vous prie de le croire ! Mais il a fallu que j'y retourne trois fois, pour les exterminer toutes, cette sale engeance. Trois fois !

J'aimais bien m'occuper des bois aussi. On en avait quand même plus de 20 hectares, des *flottes* de pins, mais surtout sapins, épicéas et douglas. Je faisais faire les coupes par Jean-Baptiste, mais je surveillais les bûcherons, sinon ils auraient débité n'importe quoi. Je débroussaillais à la serpette et je crois bien que le pire, c'était de couper les genêts, les balais quoi. C'est dur, cette saloperie-là, il faut toujours tailler cinq ou six surgeons et ça repousse plus vif d'une année sur l'autre. Ce que je préférais, tout de même, c'était le feu. Je brûlais tout, les vieux balais desséchés, les fougères, les dépouilles des sapins. Je faisais de grands tas de bois, de véritables bûchers, et j'y mettais le feu. Ça commençait tout doucement, une petite flamme jaunette toute timide, et les aiguilles de pins qui craquaient et la sève qui coulait au bout des branchettes. Et puis, ça montait d'un coup, tout s'embrasait et on recevait dans la figure une grosse bouffée de chaleur qui vous faisait faire deux grands pas en arrière. Je regardais ces grandes torsades de feu qui gigotaient dans l'air. Mon Jean-Baptiste disait que je lui faisais peur dans ces moments, avec mes yeux qui me sortaient de la tête. Et je tournais tout autour, je ramassais les tisons enflammés, je remontais le feu en tas, je jetais de nouvelles branches qui le faisaient redémarrer de plus belle. J'étais à mon affaire ! Ah, je peux dire que j'ai aimé le feu. C'est chaud, c'est clair et ça sent bon la sève qui brûle, et même la fumée noire qui tourne dans le vent et qui vous pique les yeux.

Il fallait s'occuper des vaches aussi. De braves bêtes, tout de même. On en a eu jusqu'à douze. Ça faisait une sacrée écurie ! Toutes bien propres, pas bouseuses, la queue tressée et le pis bien lavé. Comment voulez-vous avoir du bon lait si les vaches sont sales ? Je l'ai toujours dit à mes fermiers, mais ce n'est rien que des arsouilles à l'heure qu'il est. Ça boit, ça fume, ça ne travaille pas sérieusement. Bon, je ne vais pas me mettre à radoter de nouveau. Les vaches donc, j'en ai vu passer ! Dix-huit ans j'ai fait la fermière, jusqu'à la mort de mon Jean-Baptiste, en 37. En fait, j'ai tenu une année de plus, pour avoir le temps de trouver un fermier. Et c'est Vergnoux qui a repris, un bougre de grand « couillon » qui me laisse grainer le chiendent dans toutes ses terres. Celui qui viendra derrière va pouvoir le sortir, le *gram* et toute la saloperie ! Nom d'un chien ! Et que dire ! Le Vergnoux me répète toujours : « Vous en faites pas. Madame Blachon, je vais le faire. » Mais il ne fait rien. Ah ! Il ne fait pas bon avoir du bien, aujourd'hui ! Il est bien tranquille celui qui n'a rien. Il n'a pas de soucis.

Pour en revenir aux vaches, je me souviens qu'un jour Jean-Baptiste va à la foire à Montfaucon. C'était une grosse foire à cette époque. On amenait des bêtes de partout. Il s'en revient le soir, tard, avec une vache, mais alors une vache comme je n'en avais jamais vu. Une bête grosse, mais grosse, des cornes bien droites, une jolie robe de poils lustrés, et surtout un pis, énorme.

« Hein, me dit Jean-Baptiste, ce sera une laitière du tonnerre. Tu as vu ce pis et ces mamelles, et il faisait le geste de traire avec ses mains ; je crois que j'ai fait une sacrée affaire.

« Et tu l'as payée combien, ton affaire ? »
Je le vois qui hésite un peu, qui s'essuie la moustache et qui me glisse en coin :

« Bien sûr, elle est un peu chère, mais je crois qu'elle les vaut.

— Mais elle vaut quoi ? » je lui redemande. Je m'attendais au pire quand il ne voulait pas me répondre comme ça.

« Tu ne vas pas crier, hein Antoinette, tu ne vas pas crier ! Regarde cette bête, elle est belle, hein ! Tu as vu ce pis, regarde bien, tu n'en as jamais vu de pareil. Exceptionnelle ! Et elle est jeune encore, quatre ans m'a certifié le vendeur, un type de Saint-Agrève qui a des dettes. Il était obligé de la vendre. Et il avait l'air chagrin de laisser sa vache. Tu verras qu'elle les vaut bien. »

Alors, je commence à m'énerver. Il faut dire que j'ai toujours été un peu soupe au lait. Je monte vite et je lui crie sous le nez :

« Mais enfin, tu vas me le dire combien tu l'as payée cette *carne*, oui ou non ?

— Tu vois, tu commences à crier, qu'il me dit. Il n'y a pas moyen avec toi. Et puis d'abord, ce n'est pas une *carne*. Non mais, regarde-moi ce derrière, regarde-moi ce pis. Puisque je te dis qu'elle les vaut !

— Mais combien ? »

Là, j'ai hurlé. Le sang me monte à la tête, je tourne les talons, je le plante dans l'écurie avec sa vache et sa lanterne.

« Tiens, je m'en vais, je sens que je vais te dire des bêtises.

— Antoinette, il me crie, puis plus bas : 800, je l'ai eue pour 800 francs. »

Alors là, pour le coup, je m'arrête sur place. J'ai les jambes coupées.

« 800 francs ! Mais tu es fou, mon pauvre Jean-Baptiste, mais à ce prix-là, on aurait pu en avoir deux. 800 francs ! »

Ma colère est tombée. « Aïe de cet homme ! Ce n'est pas vrai ! Il me les fera toutes, je me pense dans ma tête. Heureusement qu'il est gentil et qu'il ne boit pas ! » Plus tard, dans la chambre, comme il recommençait à me parler de ce pis miraculeux, je finis par lui dire : « Bon, on verra ça demain, dans la seille. » Et je lui tourne le dos et je m'endors. Eh bien ! Vrai de vrai, cette sacrée vache ne m'a jamais rempli un seau de lait. Cinq ou 6 litres, pas plus, alors qu'avec un pis pareil, elle aurait dû en faire 15 ou 16. Sacré nom d'un chien ! Mais on n'y a pas trop perdu. On l'a gardée un an et on a fini par la revendre le même prix qu'on l'avait payée. Et comme elle nous a fait un veau, elle a payé le foin qu'elle a mangé.

C'était une Montbéliarde pourtant, à la robe blanche et rousse. Chez nous, c'est bien les seules qui donnent bien. Elles sont grosses, assez costaudes, ça fait de la viande, les veaux ne sont pas trop maigrelets et le lait est bon. Pendant quelques années, on a eu des Tarines, jolies, toutes rousses avec l'œil charbonné, vives, le sabot rapide, et dans le lait, une crème merveilleuse. Mais c'était trop petit. Elles étaient bien bonnes pour les Alpes d'où elles venaient, mais, pour chez nous, ça ne valait pas la Montbéliarde. Une fois, j'avais vu des noires et blanches, Normandes ou Bretonnes, mais ce n'était pas ça. Elles n'allaient pas. Je vois, aujourd'hui, les vaches de mon Vergnoux ne lui donnent presque pas de lait. Mais il faut voir comment il les soigne. Il s'en sert pour tirer la charrue, pour sortir des bois, pour mener sa tonne de purin. À une vache qui a travaillé toute la journée il ne faut pas demander de « pisser » 10 litres de lait à la *seille*. Il ne faut pas rêver. Les gens d'aujourd'hui voudraient le beurre avec l'argent du beurre et le machin du laitier par-dessus le marché. Allons, allons !

Pour les travaux de force, mon Jean-Baptiste avait une paire de bœufs. Une année, il était allé à la foire exposition de Monistrol, qui se tenait tous les deux ans. La dernière a eu lieu en 49. Il n'y a plus assez de paysans maintenant, alors finies les foires expositions ! Enfin, pour en revenir à notre foire, le couple de bœufs de Guste Merle d'Antoniane a obtenu le premier prix. Il fallait voir ces bêtes ! Deux Limousins qui avaient été coupés l'année d'avant, jeunes, bien en viande, *caillés*, un peu courts sur pattes peut-être, mais l'échine ramassée et forts de l'arrière aussi : ils vous enlevaient sans effort plus de 3000 kilos. Ah ! Les jolies bêtes, Robin et Josué. Mon Jean-Baptiste les a achetés le jour même où ils ont eu le prix. Mille deux cents francs, plus 300 francs de prime : je vous assure que l'œil du Guste riait sous ses sourcils. Une journée à 1500 francs, ça n'arrive qu'une fois dans une vie. Eh bien ! Ces deux bœufs, Jean-Baptiste les a gardés dix ans, jusqu'à sa mort, le pauvre. C'est moi qui les ai vendus à Gauthier, le boucher de Saint-Just-Malmont. C'étaient de braves bêtes, vaillantes, qui ne rechignaient jamais. Il fallait voir aussi comme Jean-Baptiste s'en occupait. C'est lui qui les pansait avec des bouchons de paille et qui leur coupait les topinambours le soir, et qui leur donnait leur ration de foin. Robin et Josué ! Ça m'a fait mal au cœur de les voir partir à l'équarrissage. Mais enfin, c'est la vie, on n'y peut rien.

Et puis, il y a eu cette histoire, à l'écurie de la Réserve. Je n'ai jamais compris ce qui s'était passé. Comme on ne pouvait pas mettre toutes nos bêtes à la ferme du haut, on utilisait l'écurie de la Réserve, juste au-dessus du château. Un soir donc, Jean-Baptiste rentre les cinq vaches, les attache à la chaîne, leur donne leur ration de topinambours, les trait, met le lait au frais sous l'abri de bois du *bachas*, revient jeter un coup d'œil, dit bonsoir au petit Claude et rentre à la maison. La nuit se passe et, au matin, le gamin arrive tout affolé :

« Venez vite, Madame Blachon, y a deux vaches qui sont attachées.

— Qu'est-ce que tu racontes, petit, deux vaches attachées, qu'est-ce que tu veux dire ?

— Oui, oui, deux vaches ensemble, attachées.»

Bon, comme Jean-Baptiste finissait de se raser avec son grand coupe-choux, je file devant avec le petit Morel. J'entre à l'écurie : nom d'un chien ! Je vois mes deux vaches, la Blanche et la Marquise, attachées à la même chaîne, et qui se donnent des coups de pied, et des coups de corne, et qui meuglent affreusement. Je fais deux signes de croix, puis je m'approche, je leur parle doucement pour les calmer. Comme elles ruent encore, je préfère attendre mon homme pour les détacher.

« Mais qui a bien pu faire ça, je me demande ? Qu'est-ce que ça veut dire ? Je ne suis pas une voleuse et je n'ai tué personne, pour qu'on me fasse ça ! » Et je me ronge les sangs en regardant ces deux pauvres bêtes.

Jean-Baptiste arrive.

« Regarde-moi ça, je lui dis, faut-il qu'il y ait de méchantes gens ! Mais qu'est-ce que j'ai fait au bon Dieu ! »

Et je me mets à pleurer et à crier après le petit Claude et à taper le pied par terre.

« Calme-toi, me dit Jean-Baptiste. Il faut d'abord les détacher. »

Et il me dit de prendre la tête de la Blanche, qui est assez calme, tandis que lui se charge de la Marquise, une rude bête, qu'il saisit par les cornes en lui parlant doucement. Et pendant qu'on les tient, le petit

Claude passe par-dessous et fait sauter la clavette de la chaîne. Je lâche la Blanche qui s'ébroue un peu et sort tranquillement dans la cour. Pendant ce temps, Jean-Baptiste maintenait l'autre, qui ruait tant et plus.

« Attention, qu'il nous dit, mettez-vous à l'abri, je vais la lâcher. » Et c'est ce qu'il fait, et la Marquise se met à sauter de partout, et des coups de pied et des coups de corne, et je te charge à droite, et je te charge à gauche, et je te vois la porte, et je te file galoper dans la cour comme une folle.

On s'est regardé, un peu inquiet, mais personne n'avait de mal. Restait à savoir ce qui s'était passé. On interroge le petit, qui dormait dans l'appentis, et qui n'a rien entendu. Et puis, avant d'aller se coucher, il a fermé la porte de l'intérieur, comme tous les soirs. Et puis, pour attacher ces deux bêtes à la même chaîne, de la manière qu'on s'en était vu pour les détacher, il aurait fallu au moins trois hommes, et des costauds ! Comme je recommence à me lamenter sur la méchanceté des gens, envieux et jaloux et malfaisants, Jean-Baptiste se baisse et ramasse par terre l'image de la Sainte Vierge qui est fichée dans la poutre centrale d'ordinaire, et qui est tombée par terre. Il la remet à son clou.

« Toinette, il me fait, va t'habiller propre et file à la Séauve voir le curé Petiot. Tu lui expliqueras l'affaire et tu lui donneras trois messes pour les morts du Purgatoire. »

Je le regarde, amusée, mais il n'a pas l'air de rire. Il est très sérieux.

« Allez, va vite. »

Quelle histoire ! J'en ai encore la chair de poule, rien que de la raconter. Eh bien ! Le curé Petiot a dit les messes et il n'y a plus jamais rien eu dans cette écurie. Voilà.

En été, il y avait les foins. Rudes journées ! On n'était pas à la noce. Ça durait bien quinze jours. Au début, il fallait retenir les hommes et s'y prendre assez tôt, parce que tout le monde avait besoin des faucheurs en même temps. On mobilisait la famille, les connaissances, les enfants, les voisins à qui on rendait les journées. Dès l'aube, les hommes se mettaient au travail, à six, huit ou même dix de rang. Ils aiguisaient la grande lame avec la pierre mouillée qui trempait dans une poignée d'herbe humide qu'ils portaient dans un sabot de bois, à la ceinture. Et va que je te fauche dans les andains tout humides. Ça sentait bon, cette herbe coupée. Ils ne s'arrêtaient qu'à neuf heures pour le casse-croûte que chacun avait apporté. À midi, un repas, qui n'était pas une grosse affaire pour nous les femmes, et le soir, une soupe avec une bonne portion de lard et des patates, et du fromage, et une grande chopine de pinard par homme. Ils avaient travaillé toute la journée, c'est dur tout de même, et il fallait recommencer le lendemain, et quand c'était fini chez soi, on allait rendre les journées chez les autres. Le jour le plus dur pour nous les femmes, c'était le deuxième, parce qu'on ne se contentait pas de préparer le repas, on allait dans les prés avec les râteaux de bois et on retournait l'herbe qui avait commencé à sécher. Et on surveillait le ciel, qu'il ne pleuve pas, on se faisait dévorer par les mouches, on se mettait du Crésyl sur les bras et le cou, et on portait toutes un grand chapeau pour se protéger du soleil. Quand l'herbe était bien sèche, il fallait râteler, la mettre en colonne, puis en tas. Après, on amenait le char, et les hommes chargeaient le foin en grosses fourchetées qu'ils brandissaient à bout de bras au sommet du char, où un jeune le tassait. Après, il fallait le décharger dans la grange dont on avait balayé le plancher. Quand on avait échappé à un orage, on était rudement content. Sur chaque épaisseur de foin, je jetais des paquets de gros sel, pour finir d'absorber l'humidité, car, chaque année, on entendait des histoires de granges brûlées par du foin pas assez sec qui avait fermenté. On n'est jamais trop prudent. Et puis le progrès est venu très vite. Jean-Baptiste a acheté une faucheuse, et on n'a plus eu besoin d'hommes pour faner, ou alors un seul pour charger et décharger, car, avec les trois petites et leurs maris qui venaient aider, plus tard, on arrivait à tout retourner tout seuls. Et puis, on a eu une râteleuse, un râteau-faneur plutôt. C'était bien pratique, ça ramassait le foin tout seul, avec ses grandes dents arrondies derrière.

Après le 15 juillet, on soufflait une semaine et la moisson commençait. C'était plus simple parce que ça se passait en deux temps. On coupait d'abord à la faucille, et avec les javelles on faisait de petites gerbes qu'on dressait par trois ou quatre, en faisceaux. On les laissait quelques jours en champ et puis on les ramassait pour dresser le grand gerbier rond et pointu près de la ferme, dans le pré derrière la grange. Avec la récolte, Jean-Baptiste en faisait deux. Après, quand notre tour était arrivé, on accueillait la batteuse dans la première moitié d'août. La veille, elle était passée chez Menet, à la ferme du bas, venant de chez Bugnazet, à Daille. Après nous, elle montait à Salgotier chez Jean-Marie Pochon, et aux Palettes chez Claude Bert et Émile Guignand. Ça faisait six jours de travail, une semaine bien remplie, un jour chez chacun. Les hommes suivaient la batteuse car il fallait du monde : le patron et ses deux aides, les six paysans, les deux fils Guignand et le fils Pochon. Nous les femmes, on veillait à la cuisine et à la cave, et on remplaçait un homme de temps en temps, mais jamais pour longtemps. Deux jours avant, j'avais fait égorger un mouton (on en avait une dizaine qu'on mettait sur les éteules) et j'avais fait livrer une *cempote* par le marchand de vin.

On attaquait à cinq heures le matin. Avec les paires de bœufs, parfois même renforcées d'une paire de vaches, les hommes amenaient la batteuse et surtout la locomobile, la grosse machine à vapeur qui faisait marcher le total. C'était lourd que le diable, cet engin ! Il y avait une chaudière où des hommes enfournaient le coke, une espèce de charbon léger qui chauffait joliment, tout comme sur les locomotives du chemin de fer, et un gros cylindre allongé dans lequel passaient les tuyauteries, toutes en cuivre, deux réservoirs en cuivre aussi, au bas du cylindre, dans lesquels on versait l'eau et, au-dessus, deux énormes roues en fonte, sur lesquelles on mettait les grosses courroies de cuir. Au milieu des deux roues, sur le gros cylindre, un petit appareil avec des boules en triangle, qui tournait un coup à l'endroit, un coup à l'envers. Je ne sais pas à quoi il servait, mais les hommes l'appelaient le régulateur, et il était fichtrement important, et juste à côté, la sirène. Quand on pouvait faire siffler la sirène, on pouvait mettre en route, il y avait assez de vapeur. Les grosses roues se mettaient à tourner et la courroie croisée entraînait la batteuse. Deux hommes sur le gerbier rond passaient les gerbes à trois autres, perchés sur des planchettes, au sommet de la machine, et qui lançaient les tiges par petits paquets à l'intérieur. À une extrémité sortaient deux tuyaux carrés qui crachaient les grains, où l'on suspendait les sacs. Et au-dessus venait la paille, sur un plan incliné. Un homme la prenait à pleins bras, la nouait en gerbe et la passait à un autre qui construisait le gerbier en rectangle, ce qui voulait dire qu'on avait battu le grain. Plus tard, il y eut des lieuses qui attachaient la paille automatiquement.

Les deux fils Guignand se chargeaient de transporter l'eau. Toute la journée, un seau à chaque main, ils venaient aux *bachas* et repartaient verser l'eau dans les réservoirs de la machine, qui buvait plus qu'une locomotive du PLM. À la ferme, avec le château et la Réserve, on avait trois *bachas*, où l'eau coulait sans arrêt. Il n'y avait pas de robinet. Eh bien ! Ils vidaient les trois, l'un après l'autre, des *bachas* d'un demi-mètre cube au moins ! Je n'ai jamais vu ça ! Incroyable ce qu'il fallait d'eau à cette machine ! Les enfants venaient voir et il fallait les sortir du pas, qu'ils n'aillent pas toucher la machine brûlante ou se faire prendre par la grosse courroie. Une seule fois, nous avons eu un accident chez nous. Pétrus Demeure de la Séauve s'est fait attraper par la courroie qui s'est cassée. Ça l'a envoyé les quatre fers en l'air et ça lui a cassé la jambe gauche ; il en est resté boiteux le restant de sa vie. Ah, ça ne rigolait pas avec cet engin ! J'avais l'œil aussi sur mes filles. Elles n'étaient pas coureuses, non, c'étaient de braves petites, mais les hommes, une journée dans les flocons de paille qui volent, au soleil, avec le vin qu'ils buvaient, avaient vite fait de vous renverser dans la grange. Il fallait se tenir. Une fois, il y en a un, un costaud qui portait les sacs de grain, qui me bouscule sur le foin, après que je lui ai indiqué où poser sa charge. Nom d'un chien ! Je lui ai retourné une *paire d'atouts* ! Il n'a pas su d'où ça venait, mais il m'a fichu la paix après ! Oh ! Ce n'était pas méchant, mais enfin, celles qui ne se tenaient pas bien, hein… Le soir de la batteuse, après le repas, on était content de se coucher. Heureusement que ça n'arrivait qu'une fois par an !

VIII

ON N'A PAS LE TEMPS de s'ennuyer à la campagne. Les années ne se ressemblent pas et la succession des jours n'a rien de monotone. Mais il me faut parler un peu des gens aussi. J'ai dit que mon aînée, Marguerite, avait fini ses études à Saint-Étienne. Elle n'était point sotte et avait réussi son brevet. Mais ces dames de Sévigné *s'en croyaient* un peu trop. La pension était chère et il fallait économiser : je venais d'acheter Montcoudiol. Aussi je mis ma seconde fille, Madeleine, chez les sœurs Saint-Joseph à Monistrol. Elle n'y resta pas longtemps. Elle avait le goût de s'amuser. Elle était gentille et vaillante quand elle voulait, mais alors une caboche pire que moi. Comme elle était grande et bien découplée, elle vint m'aider à la ferme avant son mariage. À elle aussi je fis suivre des cours d'instruction ménagère et préparer son trousseau. La troisième, Émilie, voulut faire des études à son tour. Son idée, c'était d'être institutrice. Pour une fille, ce n'est pas mal ! Il y a les congés, ça permet de faire autre chose. Cette idée lui venait de son instituteur du Crouzet, comme pour l'aînée, à Confolent. Il voulait que je lui fasse passer le concours de l'École normale, mais la situation n'avait pas changé en dix ans. Il n'y avait que des *laïcains* à cette école. Ce n'est pas que je pratiquais beaucoup à cette époque, mais tout de même, je n'aurais pas aimé que ma fille vive comme une sans-Dieu. Il faut ce qu'il faut. Alors je dis non à l'instituteur qui en eut l'air bien déçu : je crois que c'était sa meilleure élève. Il fallait aller à Saint-Étienne, je la mis donc à Sévigné, comme sa sœur aînée, qui s'était mariée entre temps.

Je me suis retrouvée belle-mère à quarante-cinq ans et grand-mère à quarante-sept. Ma Marguerite épousa donc Gustave Tournayre. C'était une bonne famille de la Séauve, et c'est le curé Manet de Saint-Didier qui fit faire le mariage. Il avait été en classe avec mon Jean-Baptiste. Et puis

Gustave et deux de ses frères montèrent un atelier à Lyon, rue de la Villette, et c'est là qu'ils sont toujours. Ils y ont acheté une maison, et leur usine est juste à côté de la gare de la Part-Dieu. Ma Marguerite a eu trois enfants, Daniel qui aide son père, et puis le pauvre Pierrot et Louis. Madeleine s'est mariée à Saint-Maurice avec Marius Giraud, et elle fait la bouchère. Elle y allait chez sa grand-mère, puis chez la tante Marie, la sœur de mon Jean-Baptiste, qui tenait une épicerie où elle vendait les produits du Casino de Saint-Étienne. La maison des Blachon était voisine de celle des Giraud. C'est comme ça qu'elle s'est mariée. Et elle a deux petits, Marcel et Jacques. Émilie s'est mariée plus tard, en janvier 38, et même on a dû repousser le mariage de six mois, comme pour moi, parce qu'entre temps mon Jean-Baptiste était mort, le pauvre. Enfin bon.

J'ai déjà dit que je louais le château à des Lyonnais, la famille du docteur Merthail. Celui-ci ne vint que quatre ans, mais sa fille aînée, qui avait épousé un gros soyeux de la Croix-Rousse, prit la suite, et ils viennent toujours, de juin à septembre. Il faut dire qu'ils sont nombreux, puisque la fille du docteur, madame Colas, a eu quinze enfants. Et puis monsieur Colas a fait venir ses frères et sœurs qui sont six, et leurs enfants. Alors, entre tous, ma grande bicoque a toujours été bien peuplée, durant l'été. C'est du beau monde et qui a toujours payé recta. Mais ils ne sont pas comme nous. C'est des citadins, des prend-l'air, et ils ont été de la haute, avant l'effondrement des cours de la soie naturelle. L'arrivée de la soie artificielle, la rayonne, ça l'a ruiné, monsieur Colas. Il paraît que ça se fabrique avec des plantes, des genêts, des saloperies quoi. Pour une fois que ça sert à quelque chose ! Mais c'est malheureux de se laisser ruiner par des balais ou du chiendent. Ça ne les a jamais empêchés de prendre des vacances, mais je crois que mademoiselle Merthail avait de quoi. Elle était fille unique, et je me serais contentée du quart de sa dot. C'était une demoiselle, avant de devenir une dame.

Du côté de monsieur Colas aussi, ils *étaient bien de chez eux*. Le père s'était marié deux fois, sa première femme étant morte en couches. La demi-sœur aînée de monsieur Colas avait épousé un ingénieur de la Mine au Chambon-Feugerolle, monsieur Béraud, un monsieur distingué à moustaches, qui boite un peu. Je ne sais pas ce qui lui est arrivé, je n'ai jamais osé demander. Une autre de ses sœurs, prénommée Blanche, avait épousé un médecin de Dijon. Il paraît qu'il possédait la moitié d'une rue de la ville. Une autre était mariée à un gros fabricant de brosses de Vaise, à Lyon. Et le plus jeune frère de monsieur Colas, monsieur Arthur, épousa une riche héritière de Saint-Paul-Trois-Châteaux, où il cultive présentement les arbres fruitiers.

Voilà, c'est du beau monde et qui sait bien se faire servir. Pendant les vacances, ils ont toujours eu trois bonnes, une à la cuisine, une pour les enfants, et la troisième pour les deux. C'est sûr qu'avec quinze marmots, cette pauvre petite Merthail avait bien à faire, surtout qu'elle n'était pas bien grosse : on ne pouvait pas dire que c'était une forte femme. Je me demande parfois comment elle a fait pour en faire autant. Son mari, monsieur Jules, aurait pu se retenir un peu, tout de même, comme disaient ses belles-sœurs. Ce n'est pas mon Jean-Baptiste qui m'aurait fait ça. Trois, quatre ou cinq, voilà des familles correctes. Mais quinze…

Je me rappelle qu'une de leurs bonnes, une jeunette un peu effrontée, avait raconté à ma Madeleine, qui était devenue son amie, que presque tous les soirs, monsieur Jules disait à sa femme : « Anna, préparez-vous, la nature commande. » Et ma grande folle de Madeleine se mettait à rire, à rire, et moi aussi. Mais quand même, je les avais grondées, ce ne sont pas des choses à dire. On ne parle pas comme ça de ses patrons, ça ne se fait pas. Mais je n'ai pas pu me retenir de raconter l'affaire à mon Jean-Baptiste, et nous en avons bien ri, le soir, en nous couchant. Il aurait fait beau voir qu'il me dise ça : « Antoinette, prépare-toi, la nature commande. » Je lui en aurais fait de belles, à sa nature, je vous prie de le croire. Il n'y a pas plus de nature que de beurre en broche. On n'est pas des lapines, tout de même, nous les femmes ! On sait se tenir, à la bonne heure !

« La nature commande ! » Je connais une seule chose qui commande, à la campagne comme ailleurs, c'est le travail. Et là, je dois dire que je lui ai toujours obéi. C'est la seule chose qui compte. Bien sûr, ces gens avaient déjà tout en naissant, du bien, de l'argent. Leurs parents avaient travaillé avant eux, et leurs grands-parents aussi. Ce n'est pas comme moi. Ma mère et mon père n'avaient pas grand-chose. Je ne suis pas partie complètement de rien, mais ce que j'ai réussi à avoir, c'est avec mes bras et ma tête, je ne dois rien à personne. Et quand il fallait y aller, j'y allais. Tandis que ce pauvre monsieur Jules, quand son affaire a périclité, il n'a pas su se reprendre, trouver quelque chose qui lui permette de retrouver sa fortune ou, au moins, de survivre. Il a vécu sur les biens de sa femme. Du coup, les petits et les petites n'ont pas de trop grosses situations. Il n'y a qu'une fille de mariée, la seconde, et les quatre garçons. Les filles n'ont pas de dot, alors, même aujourd'hui, les prétendants ne se précipitent pas. Peut-être aussi qu'elles sont un peu fières, avec l'éducation qu'elles ont reçue. Je ne sais pas. Mais c'est dommage pour elles, parce qu'elles sont mignonnes et gentilles, enfin, pas toutes, mais à moi, elles n'ont jamais fait de misère.

Ce n'est pas comme mes fermiers. Qu'il est heureux, celui qui n'a rien ! Enfin, c'est manière de parler, parce que celui qui n'a rien, mais alors rien de rien, il n'est tout de même pas très heureux. N'empêche que confier son bien à un autre, c'est connaître bien des tracas. Quand on s'est installés à Montcoudiol, la ferme du bas était tenue par les Menet, des braves gens, mais neuf enfants à nourrir, ce n'est pas rien. Alors, le père Menet, qui n'aurait pas fait de tort à une mouche, qui allait à la messe tous les dimanches, qui ne buvait pas, eh bien ! quand il menait un char de paille à la papeterie, au Crouzet, s'il pleuvait, le char passait la nuit sous la gouttière, sinon, les petits versaient quinze ou vingt seaux dessus, pour alourdir le total. C'était plus fort que lui, il fallait gratter un petit quelque chose à l'acheteur. Ça ne servait à rien, car je crois bien qu'à la pesée, la bascule des Marchampt de la Combe était trafiquée, pour tenir compte de l'excès de poids. Ce qui me fait dire ça, c'est que les papetiers n'ont pas fait de mauvaises affaires, alors que la paille mouillée n'a pas guère enrichi mon pauvre père Menet qui est mort aussi pauvre qu'il était né. Tout ça pour dire que ces sacrés paysans cherchaient toujours un moyen à inventer pour rouler le monde. Il fallait surveiller sans cesse. Ainsi, le clos du château était planté de pommiers. On en sortait deux ou trois tombereaux par an, des pommes d'août, qu'on les appelait, et des reinettes grises. On les mettait à conserver dans le fruitier, au sommet du château, sur des claies. Celles qui étaient abîmées engraissaient les cochons. Quinze jours avant de les ramasser, je voyais disparaître les plus belles. C'étaient les petits Menet qui venaient, tôt le matin, soulager mes arbres. Quand je leur demandais s'ils n'avaient vu personne, ils me disaient que non, et ajoutaient que c'étaient sans doute des gamins du Crouzet qui montaient à travers le bois, et qui sautaient par-dessus la haie du petit mur. Il y avait sûrement des petits du Crouzet, mais s'ils avaient trop longtemps *champêtré* le clos, les chiens les auraient sentis et auraient aboyé. Or mes chiens n'ont jamais aboyé. C'est bien qu'ils devaient connaître les petits qui grimpaient dans mes arbres.

Une autre manie des paysans d'ici : ils ne vous payent jamais à temps ce qu'ils vous doivent. Mon père Menet avait toujours un an de retard sur les fermages. Ceux-ci se payent en deux fois, à la Toussaint et le 25 mars. C'est la tradition. Il attendait toujours quinze jours après la date et me payait le terme de la Toussaint 26 quinze jours après la Toussaint 27, et ainsi de suite. Tout ça finissait par lui paraître naturel, si bien que, quand il a quitté la ferme en 36, il a eu l'air tout étonné que je lui réclame l'année de retard. Le paiement des fermages, quelle affaire ! Donc, une quinzaine après le terme, je le voyais arpenter le petit sentier du château avec son chapeau neuf. Il restait sur le pas de la porte et me disait :

« Madame Blachon, il faudrait qu'on parle de nos affaires.

— Un de ces soirs, si vous voulez, Monsieur Menet !

— Eh bien ! Demain soir, sauf empêchement », répliquait-il.

Et il s'en allait. C'était une de ses formules : « sauf empêchement ». Il arrivait bien à la répéter cinq ou six fois dans la conversation. C'est vrai qu'à la campagne, on n'est jamais trop sûr de ce qui va arriver le lendemain. Il est donc prudent de prendre des précautions. On ne sait jamais. Tout peut se produire, une bête qui crève, un orage de grêle, un accident, du lait qui tourne, du beurre qui rancit, la femme qui tombe malade ou une jambe qu'on se casse. « Sauf empêchement », c'était une manière de conjurer le mauvais sort qui s'acharne toujours sur les pauvres paysans.

Le lendemain soir, Jean-Baptiste et moi nous allions à la ferme. On nous faisait entrer à la cuisine. Le père était assis à la longue table de bois. Sa femme, l'Eugénie, était debout derrière lui, le dos à l'âtre. Les petits, debout aussi, rangés par ordre de naissance, attendaient notre entrée. On raclait les pieds contre la marche de pierre du seuil pour chasser la boue des semelles, on refermait la porte soigneusement : la chaleur est une denrée chère qu'il ne faut pas laisser perdre. On disait bonsoir. Les petites faisaient une manière de salut. Les garçons baissaient la tête en marmonnant. Le père Menet ne se levait pas à notre entrée :

« Monsieur Blachon, vous êtes plus jeune que moi. Comprenez donc que je reste assis, sauf empêchement. »

Mon Jean-Baptiste souriait derrière sa moustache et disait :

« Je vous en prie, Monsieur Menet, je vous en prie. »

On s'asseyait. Jean-Baptiste regardait les enfants et devait marquer son admiration.

« Bien belle famille que vous avez là, Monsieur Menet. »

Après, il disait un mot gentil à tous, puis le père faisait un signe de tête et tous partaient se coucher, les filles et les petits garçons dans les deux chambres du haut, les trois grands garçons à l'écurie, dans l'appentis du bouvier. Après, il fallait causer, de la pluie, du beau temps, des récoltes qui n'étaient jamais bonnes, du lait qui se vendait mal, des poules qui ne faisaient plus d'œufs, des pommes de terre mangées par les doryphores. La mère Menet, toujours debout derrière son homme, y allait de sa petite larme, que les enfants étaient si chers à élever, *boseigne* !, qu'ils étaient bien malheureux et que le sort du paysan n'est guère enviable. Après ça, elle m'offrait une tasse de café bien clair, qui avait bouilli tant et plus, et les hommes buvaient une petite goutte que le père Menet faisait avec les prunes (ici on dit les *dalènes*) des deux arbres du fond du jardin que Jean-Baptiste lui laissait ramasser. Après tous ces préambules, mais pas trop tôt, mon mari devait dire, après un long silence :

« Eh bien ! Si on voyait nos affaires ? »

Alors le père Menet sortait ses sous, qu'il avait comptés et recomptés avant de les nouer dans un mouchoir. Il les étalait sur la table et les comptait à nouveau, puis invitait Jean-Baptiste à en faire autant.

« Oh ! Je sais bien que je peux vous faire confiance, Monsieur Menet. Ce n'est pas vous qui iriez me faire du tort. »

Puis Jean-Baptiste inscrivait « payé » dans son calepin, le montrait à son fermier qui opinait du chef. Avant de ramasser les pièces, Jean-Baptiste en laissait toujours une de cinq francs, « pour les petits » disait-il, et, après quelques banalités et un ou deux « sauf empêchement », nous nous en retournions. Parfois, les hommes parlaient techniques de culture. Généralement Jean-Baptiste disait :

« J'ai lu dans le journal que les blés… »

À quoi le père Menet répondait :

« Mon père faisait comme ça, et mon grand-père aussi. »

Du brave monde, ces Menet. Dommage qu'ils soient partis ! Aucun des petits n'a voulu reprendre la ferme ; ils ont préféré aller travailler en usine, au Crouzet, à Pont-Salomon ou même à Firminy. On ne peut pas dire qu'ils aient eu tort. Alors, quand le père Menet et sa femme se sont retirés, j'ai loué à Drevet, qui était un ivrogne et un fainéant de première, mais je ne le savais pas. Je peux dire que je n'ai pas gagné au change. Il me laissait venir le *gram* dans toutes mes terres, et en plus, il me labourait mon chemin. C'était quelque chose ! Et méchant, avec ça ! La pauvre Suzanne, sa femme, n'avait pas tous ses quarts d'aise. Il fallait que j'y aille pour le calmer, quand il avait trop bu et qu'il était en train de tout casser dans la cuisine. Heureusement, il avait peur de moi. Mais j'y emportais toujours ma grosse canne ferrée. Il n'aurait pas fallu qu'il s'approche trop de moi. Je vous prie de croire que je me serais défendue ! La pauvre Suzanne faisait ce qu'elle pouvait pour élever ses petits, trois filles et trois garçons, pas toujours faciles avec ça. Ils n'ont pas souvent mangé du chocolat, les pauvres. Un jour, c'était après la guerre, la seconde, celle de l'occupation, je leur ai porté des oranges. Ils ne savaient pas ce que c'était. Ils ont dit qu'ils n'aimaient pas et ils n'en ont pas voulu. Il n'y a que l'André qui a mangé la peau avec, et qui a trouvé que c'était bien bon. Pauvres petits !

Le père Drevet est mort voilà bien au moins dix ans, et sa Suzanne quatre ans après. C'est l'André qui a repris la ferme. Il n'est pas commode et il a l'air d'un sauvage, jamais rasé, maigre comme un clou, mais il est vaillant et il ne boit pas. Pour bien faire, il ne lui manque qu'une femme. Mais elles ne se bousculent pas pour faire les fermières, nom d'un chien !

Pour en revenir au père, un soir, la Suzanne vient me chercher avec les deux aînés, Marie et Jacques.

« Aie ! Madame Blachon, venez vite, venez vite. »

Je dis : « Qu'est-ce qu'il y a, ma pauvre Suzanne ? J'arrive. »

Je prends mon bonnet de lapin, mon manteau et ma canne ferrée et je sors. La Suzanne, qui était une grosse femme, me dit, toute essoufflée d'avoir couru :

« Aïe ! Madame Blachon, c'est mon homme qui est saoul. En revenant de Pont-Salomon, il est tombé dans la *poutasse* des cochons. »

Mon premier mouvement, c'est de me dire : « Bien fait, t'avais qu'à ne pas boire. » Cet arsouille avait bu tout l'argent des deux cochons vendus le matin au marché. Il avait biberonné tout l'après-midi dans les vingt-quatre bistrots du pays. On a su après qu'il était parti de chez la mère Samuel à huit heures du soir. Elle avait été obligée de le mettre à la porte. Il était plein comme une outre. Il avait mis deux heures pour monter la côte, 3 kilomètres environ et, depuis le petit mur, il avait dû marcher en tâtonnant autour de la maison, et oublier la *poutasse*, qui est juste à côté de la porte des cochons, contre le mur. Le chemin, à cet endroit, passe un peu plus au large, pour l'éviter, justement. On arrive. J'avais fait mettre une lampe électrique au-dessus de la porte d'entrée, mais sa lumière ne venait pas jusqu'aux cochons. La Lulu et l'André tenaient deux bougies. Je vois mon homme dans la *poutasse*, jusqu'au ventre, et qui se tenait contre le mur, comme il pouvait. Il avait dégobillé de partout, car ça sentait plutôt la vinasse.

« C'est toujours ça qu'il ne fera pas sur nous dans sa chambre », je me suis dit. Et il gémissait :

« Au secours, au secours, je me noie.

— Sacré bougre de cochon de soûlaud, que je lui ai dit, vous mériteriez qu'on vous y laisse, dans votre merde ! »

Quand j'étais en colère, hein, les gros mots ne me faisaient pas peur.

Bon, je dis à Jacques, le plus grand :

« Va chercher une ridelle de tombereau et attelle-moi deux vaches avec une chaîne. » Je fais mettre la ridelle de bois en travers, appuyée d'un côté au mur de la maison et de l'autre sur la terre du chemin. La fosse n'était pas bien large,

1,50 mètre environ, mais un bon mètre de profondeur. Et surtout, le bord était taillé bien à pic, et mon *soûlaud* ne s'en serait jamais sorti tout seul. La chaîne des vaches bien attachée à cette ridelle, je crie à mon bonhomme de lâcher le mur et de se coucher sur la ridelle. Il ne voulait pas, il se contentait de répéter : « Au secours, au secours ! »

La Suzanne me disait : « Il va se noyer, qu'est-ce que je vais devenir ? »

Et elle pleurait, la pauvre. À la fin des fins, je suis passée de côté, et quand le Drevet m'a vue, avec ma canne dressée, il a eu peur et il a lâché le mur. Je l'ai vu partir doucement en arrière, revenir en avant, repartir. Même dans la fosse jusqu'au ventre, il titubait comme les ivrognes. Alors, au moment où il allait basculer en arrière et couler dans la fosse, de toutes mes forces, je l'ai poussé avec ma canne, vers la ridelle du tombereau. Il a dû se cogner la tête, parce que ça a fait un sacré bruit. Alors j'ai dit à Jacques : « Fais avancer les vaches, mais doucement, hein. »

Le petit a compris et les vaches ont tiré le Drevet hors de la poutasse, accroché au montant de la ridelle, et les jambes traînant derrière sur le sol. Le purin dégoulinait de partout. C'est à ce moment que j'ai senti l'odeur. Ça puait, mais alors, c'était affreux. Le petit a guidé les bêtes jusque devant la porte. J'ai dit à la Marie d'aller nous chercher des *bauges* de patates. On n'allait quand même pas « s'emmerder » pour un gueusard d'ivrogne. Avec la Suzanne, on l'a recouvert de sacs pour l'attraper et pas s'en mettre de partout, et on l'a assis sur la marche de l'entrée.

Il fallait le nettoyer, et on ne pouvait pas embrenner toute la maison pour ce cochon-là. J'ai dit aux petits d'aller se coucher : ce n'était pas un spectacle pour les enfants. Ils en avaient déjà bien trop vu ! La Suzanne l'a déshabillé, et je suis allée chercher deux seaux d'eau au puits. Elle avait peur qu'il prenne mal, avec l'eau froide.

« Ne vous en faites pas, Suzanne, l'alcool conserve. Allez mettre ses habits à tremper, je m'en vais vous le dessaouler, moi, votre homme. »

Et je te lui ai fichu les seaux d'eau froide sur la tête et sur le reste, pour le nettoyer. Il a craché, a ouvert un œil, s'y est pris à trois fois pour se mettre debout. Quand il s'est vu tout nu, il a mis les mains devant ses affaires, a tourné le dos et est rentré dans la maison en bredouillant : « Bien le bonsoir, Madame Blachon. » J'ai rangé les seaux, vérifié que le petit avait bien rattaché les vaches, et je suis rentrée me coucher. Il était quasiment minuit. Sacré père Drevet !

La ferme du haut, c'est Jean-Baptiste et moi qui la tenions. Je l'ai gardée une année toute seule et puis j'ai vendu mon cheptel et mon matériel. Alors, j'ai pris un autre paysan de la région d'Yssingeaux. Il ne m'a pas plus réussi que l'autre. À se demander s'il peut venir quelque chose de bon d'Yssingeaux, à part les brioches du père Machabert ! La pâtisserie Machabert est en face de la chapelle des Pénitents à Yssingeaux. Elle a eu longtemps une spécialité de brioches rondes, parfumées à la fleur d'oranger, connues de toute la région. La vitrine portait en lettres blanches en relief : « À l'ancienne renommée ». Dans la famille, tout passage à Yssingeaux se concluait inévitablement par l'achat d'une brioche chez Machabert. Bon ! Yssingeaux ! Je plaisantais, bien sûr ! Du brave monde, il en vient de partout, du méchant aussi. Celui-là, c'était Vergnoux. Il avait deux enfants, un garçon et une fille. Deux petites sont venues plus tard. Sa femme était un peu *traversoune,* toujours prête à vous jouer un tour de cochon. Lui, c'était plutôt un brave homme, toujours le sourire, mais alors un « soiffard » de première, pire peut-être que le Drelou. C'est un genre de diminutif dont on se servait pour parler du père Drevet. Il avait une voix haut perchée :

« Ah, Madame Blachon, Madame Blachon, Madame Blachon !

— Il n'y a pas de Madame Blachon qui tienne, Monsieur Vergnoux, vous me devez trois semestres, il faut me payer.

— Ah, Madame Blachon, Madame Blachon… »

Et ça pouvait durer comme ça un sacré bout de temps.

C'était leur défaut, à ces sacrés paysans. Pas moyen de se faire payer. Ils trouvaient toujours une bonne raison. Un jour c'étaient les œufs qu'on n'avait pas vendus au marché, une autre fois, une génisse s'était noyée dans le bassin d'en-dessous le château. Ce sacré Vergnoux en a laissé noyer trois. Et il disait que c'était de ma faute, en plus. Bien sûr, le bassin n'était pas clos, mais c'était à lui de surveiller ses vaches, nom d'un chien ! À cette époque, les clôtures électriques n'existaient pas. Il fallait garder les vaches. Ce n'est quand même pas bien fatigant, avec un bon chien ! Une vache, c'est placide, ça bouge peu, tant que ça trouve de quoi ne pas trop se piquer le nez dans de l'herbe trop sèche. Mais j'ai bien compris comment ça s'était passé. Ce sacré Vergnoux envoyait un de ses petits garder, mais le petit filait rejoindre quelques garnements du Crouzet, et les vaches restaient seules. Une vieille ne se serait pas fait prendre. Mais une génisse, c'est bête et aventureux, moins pire qu'une chèvre tout de même, ça a moins de malice.

Ce bassin servait de lavoir, avec une séparation en béton au milieu. Un côté pour laver, un côté pour rincer. Il était alimenté par une source qui arrivait dans l'ovale de gauche, et il s'écoulait vers le Crouzet par un trop-plein, dans l'ovale de droite. Les génisses avaient été attirées par le savon. Elles aiment tout ce qui est salé. Elles ont dû descendre par le bois, après le portail du bout de l'allée aux épicéas, elles ont suivi le sentier du Crouzet, et puis, à main gauche, le mur de soutènement du « *Pradessous* » . Elles ont bu et glissé dans l'eau. La mousse verte est glissante sur les dalles de pierre. Une fois tombées dedans, elles ne peuvent plus remonter. Je crois que le bassin fait 1,30 mètre de profondeur, et il est tout maçonné. Sacré bon Dieu ! Chaque fois, c'est moi qui ai dû payer les génisses, hein, mon semestre qui s'envole ! Bougres de bougres ! Quand je devais régler les réparations des fermes, je n'allais pas me plaindre au menuisier ou au maçon que je n'avais pas d'argent, que mes poules ne pondaient plus. Bien sûr que les baux étaient chers ! Mais celui qui ne buvait pas, il s'en sortait. Ah ! Fallait être vaillant, naturellement !

« Eh, Madame Blachon, Madame Blachon », avec un sourire et sa petite voix perchée ! Et en prime, il soulevait sa casquette ! Mais quand l'auvent de la grange a failli s'écrouler sous le poids de la neige, il n'a pas été fichu de placer un étai pour soulager la grosse poutre. Il est venu me chercher. Et il a fallu que j'y monte avec mon gendre. Et pendant qu'on était là à batailler, tous les deux, le Vergnoux nous regardait en rigolant. Vous croyez qu'il aurait mouillé sa chemise en nous donnant un coup de main ? Et lorsque j'ai fait creuser le puits, dans la terre du haut, pour lui mettre l'eau sur l'évier, le tuyau s'est bouché. Une queue de renard, sans doute, c'est comme ça qu'on appelle les racines qui s'enchevêtrent et qui obstruent les tuyaux. Il a quand même porté l'échelle jusqu'au puits. Mais c'est moi qui y suis descendue, à plus de soixante-dix ans, avec de l'eau qui me passait par-dessus les bottes, que j'ai même failli en laisser une au fond ! Aïe d'un couillon, tout de même ! Il faut *s'en voir* pour garder tout son bien ! C'est pour ça que je dis qu'il est bien heureux, celui qui n'a rien. Enfin, c'est façon de parler, bien sûr !

Voilà, j'ai passé vingt ans entre les deux guerres, à toute vitesse. La vie est courte, hein ! Au début, on trouve que ça n'avance pas, et puis, tout à coup, on voudrait que ça ralentisse, mais *ouaïte*, pas possible. On n'était pas mal avec Jean-Baptiste. C'était un brave homme, un peu trop liseur, mais serviable et tout. Les gens l'aimaient bien. Ici, à la Séauve, aux élections municipales, il avait toujours vingt ou vingt-cinq voix, alors qu'il ne se présentait pas. On l'avait bien pressenti comme adjoint, plusieurs fois, mais il ne voulait pas. Il me disait :

« Il y en a bien assez comme ça qui en veulent. Et puis, la politique, rien de tel pour se fâcher avec les gens. »

Il n'aimait pas avoir d'ennemis. Il préférait se faire tort plutôt que de se brouiller avec quelqu'un. J'étais parfois obligée de me mettre en colère. Il se serait laissé dépouiller. Il était instruit, lui, il avait passé son bachot. Il savait du latin. Mais j'ai déjà dit tout ça ! Et il lisait, des pleines armoires de livres. Il en reste peut-être quelques-uns dans les placards du château. Tout le total, il a bien fallu que je le débarrasse, après sa mort. J'en ai sorti un plein tombereau. Je les jetais de la galerie dans la cour de derrière. Il y en avait un tas, à hauteur d'homme. Qui ça aurait pu intéresser ? C'étaient des nids à rats et à toiles d'araignées. J'ai tout brûlé, un grand feu ! Ah ! C'était joli à voir ! J'avais pris une fourche et je retournais les pages à demi carbonisées, pour que ça flambe tout bien. Toute la nuit le feu a couvé, et le lendemain matin, ça a repris pendant une heure. Quelle affaire ! Enfin, j'étais bien contente d'en être débarrassée. Si mon pauvre Jean-Baptiste avait vu ça, probable qu'il m'aurait rudement grondée ! Ah ! Il ne fallait pas y toucher, à ses livres ! C'était mieux que de l'or pour lui. Je n'ai jamais bien compris ce qu'il y trouvait. Ça ne devait pas être bien intéressant. Mon aînée, Marguerite, m'a bien dit, un jour, que certains valaient des sous, et qu'à Lyon où elle habite, on aurait pu en tirer de l'argent. Baste ! Moi, ça me chagrinait, tous ces nids à poussière. Une fois Jean-Baptiste parti, allez, hop, à dégager !

Oui, il était brave, mon Jean-Baptiste ! Il ne savait pas dire non. Il ne pouvait pas s'empêcher de rendre service. On venait lui demander conseil du Crouzet, de Pont-Salomon, de la Séauve, et même de Saint-Didier. Comme il lisait beaucoup, il savait des choses. Ce n'était pas toujours vrai, ce qu'il lisait, mais enfin lui, il y croyait. Comme son histoire de blés du pharaon, qu'on aurait découverts soi-disant dans les pyramides, en Égypte. Il avait lu ça dans le *Moniteur Agricole*. Il en avait fait venir. Ça devait donner que le diable, des épis si gros que la tige pourrait à peine les porter. Il paraît que des anciens Grecs en avaient parlé. Enfin, ce que je sais, c'est que le kilo de semence a coûté joliment cher et que les grains ont pourri dans la terre, suite à un printemps pluvieux, après un hiver trop doux. Alors les livres, hein ! Les journaux, au moins, ça passe le temps, mais il ne faut pas croire tout ce qu'ils disent.

De temps en temps, il filait à la Séauve discuter avec le père Massard, un collègue qu'il avait fréquenté au séminaire de Monistrol, ou alors avec le curé Manevy. Et ils causaient et ils se racontaient des histoires, et tout ça. Je ne crois pas qu'ils parlaient du bon Dieu, ce n'était pas son genre. Il n'était pas calotin. Il me disait qu'il était allé à la messe pour jusqu'à la fin de ses jours, après ses sept années de séminaire.

Il m'en faisait de drôles, parfois. Un jour, il me dit :

« Demain, je pars au Puy.

— Avec la voiture ou en train ? je lui demande.

Non, à pied.

— À pied, mais mon pauvre Jean-Baptiste, tu es fou. Ça fait plus de 60 kilomètres, sans compter le retour. »

Il ne bronche pas.

« Et qu'est-ce que tu vas faire là-bas ? Je peux savoir ?

— C'est un pari avec Félix Colcombet. Comme il a fait son service dans les chasseurs, il prétend que nous, les biffins, nous ne savons pas marcher. Le dernier arrivé au Puy paye l'hôtel et le restaurant à l'autre.

— Sacré jean-foutre, je lui dis. Et qui me mettra mes pommes de terre à la cave, hein ? Jean Mogier vient demain pour les arracher. Comment je vais faire si tu n'es pas là ?

— Les pommes de terre attendront. Il faut que je cire mes brodequins ferrés. Tu me prépareras un petit casse-croûte. On part demain à quatre heures.

— Tu peux te le mettre où je pense ton casse-croûte. Mais on n'a jamais vu un homme pareil ! Me laisser tomber en pleines pommes de terre ! Mais que tu es bête, mon pauvre Jean-Baptiste ! Si tu prends froid ou mal aux pieds, ne compte pas sur moi pour te soigner. Je vais lui chanter pouilles, moi, au Félix Colcombet ! On n'a pas idée ! Aïe de ces hommes ! Mais de ces hommes ! »

J'étais dans une colère folle. Je ne lui ai pas décroché un mot jusqu'au surlendemain. Lui, il riait. C'est tout ce qu'il savait faire quand je me mettais en colère. Le lendemain matin, il s'est fait chauffer son café tout seul. Je n'allais pas me lever à trois heures pour lui faire plaisir. Le voilà parti. Il m'a raconté après.

Ils se sont retrouvés sur la nationale, à Montusclat, chacun avec sa musette et sa chopine, la canne ferrée et les chaussures de cuir à gros clous. À sept heures, ils étaient à Saint-Maurice où ils ont mangé la portion chez son frère, Pétrus, près de l'église. Pas moyen de se séparer. Quand un s'arrêtait, l'autre s'arrêtait. Quand il repartait, l'autre repartait. Ils se sont suivis comme ça jusqu'au Puy. Ils avaient mangé chez Victor Riouffrait, au col du Pertuis et, après une petite sieste, la descente sur Saint-Hostien, Blavozy, Brives-Charensac et le Puy, où ils étaient arrivés à la nuit, vers neuf heures du soir. Le lendemain, ils ont fait la tournée des connaissances, et il n'en manquait pas. Ils sont même allés à la préfecture et à l'évêché. Il faut dire que Félix Colcombet était maire de la Séauve et que mon Jean-Baptiste connaissait tous les curés du Puy. L'après-midi, ils ont pris le train par la vallée de la Loire, ils sont passés à Confolent et descendus à Aurec. De là, par La Faye et sa chapelle, ils sont montés jusqu'à la Rivoire-Haute, puis ils ont traversé vers la ferme du Bounou et sur Daille, et voilà. Comme il se faisait tard, Félix Colcombet a couché à la maison et le lendemain, Jean-Baptiste l'a emmené à la Séauve, en voiture. Sacré bougre, il aurait bien pu y aller à pied, après tout ce qu'ils avaient fait ! Du coup, personne n'avait gagné ni perdu, et chacun avait payé son écot. Mais, pendant les trois jours qui ont suivi, j'ai bien vu que mon homme avait de sacrées courbatures. Moi, je n'en avais pas. Et pourtant, j'avais rentré mes pommes de terre toute seule, avec mes petites et Jean Mogier. On les avait descendues à la cave, pour les conserver à l'abri de la lumière, pour les empêcher de prendre des fanes. C'était son plaisir, à Jean-Baptiste, de faire des choses comme ça. D'un autre côté, il a toujours été gentil avec moi, et je n'ai jamais rien entendu raconter de méchant sur son compte. Mais peut-être que je suis la seule à ne pas savoir, et que les gens n'ont rien osé me dire ! Ça m'étonnerait quand même ! Je ne lui ai pas fait trop de misères, il n'a pas dû m'en faire non plus.

Il avait acheté une voiture, en 1922, juste après qu'on s'était installés à Montcoudiol. Il me disait qu'il fallait vivre avec son temps. Moi, je ne voulais pas. J'ai même honte de le dire, mais je lui ai flanqué une gifle ce jour-là, quand il m'a annoncé la nouvelle. Il en est resté tout abasourdi et moi aussi. On s'est réconciliés après, heureusement. Mais aussi, la vente de Confolent n'avait payé que la moitié du château, et on n'avait pas beaucoup de sous. Maintenant, c'est vrai qu'on était loin de tout et que ça demandait moins d'entretien qu'un cheval. C'était une grande berline, avec un museau long, très long, et un radiateur en bronze. C'est le vendeur qui nous avait dit tout ça, à Saint-Étienne. C'était une Clément-Bayard, la reine de la route. Elle avait des roues à rayons et une grande capote pour la pluie. L'inconvénient, c'est qu'elle ne fermait pas sur les côtés. Alors, quand il pleuvait, on avait plus vite fait de sortir les parapluies que de placer les morceaux de bâche tenus par des boutons pressions qui, paraît-il, étaient arrivés en France avec les soldats américains, en 17.

On était donc allé la chercher à Saint-Étienne, et le marchand lui avait montré comment ça marchait, le volant et les manettes et tout ça. Je crois qu'il savait faire ; je ne sais pas où il avait appris, à la guerre, peut-être. N'empêche qu'il a fallu passer le permis de conduire. Alors Jean-Baptiste a déposé une demande à la préfecture, au Puy, et, un jour, on l'a convoqué à Yssingeaux. Il est parti avec son engin, et le voilà sur le foirail. Celui qui devait examiner les capacités de chacun, un capitaine à la retraite, l'appelle : « Jean-Baptiste Blachon, de la Séauve-sur-Semène ?

— C'est moi, dit-il.

Ancien poilu ?

— Oui.

— C'est votre voiture ? »

Le capitaine fait le tour, regarde les pneus, le moteur, tout ça quoi.

« C'est un bon modèle. Et vous êtes venu avec jusqu'ici ?

— Ma foi, oui, répond Jean-Baptiste.

Bon, alors, c'est que vous savez conduire. Voilà votre papier. »

Et mon Jean-Baptiste est reparti tout content.

Il m'emmenait à Pont-Salomon prendre le train, quand c'était le marché à Firminy. Le dimanche, on allait à la Séauve, pour la messe. J'emmenais mes petites à la messe. Lui n'y allait pas, enfin pas souvent, mais il disait, et j'étais de son avis, que pour les enfants, un peu de religion ce n'était pas mauvais. Dans les premières années, les gamins couraient autour de l'auto. J'étais fière, on était tous fiers de rouler dans cette belle voiture. Il faut dire qu'à l'époque, il n'y en avait pas beaucoup. On voyait des carrioles à cheval, surtout à la campagne. Et puis, peu à peu, sont arrivées des voitures plus modernes, et vers la fin, on le montrait du doigt, notre vieux tacot. N'empêche qu'elle marchait bien.

Je me rappelle, quand on montait à Saint-Maurice, c'était une vraie expédition. Ce n'était pas la même route qu'aujourd'hui. Jusqu'à Monistrol, ça allait, encore qu'il fallait bien prendre garde à la descente du Prince et au virage de Brunelles, tout en bas. Après, on allait jusqu'à Pont-de-Lignon, par la petite route de Chazelles, et puis on montait, juste au-dessus du pont suspendu de Confolent. Ce n'était pas goudronné, bien sûr. On prenait de la poussière, affreux. Mais enfin, comme la voiture n'avançait pas bien vite, j'avais le temps de voir la Loire et mon hôtel, et le rocher, et la gare, et tous les endroits où j'avais vécu, étant plus jeune. Devant chez l'Herminie, comme il les connaissait, Jean-Baptiste donnait un ou deux coups de trompe. Arrivés à Cublaise, il fallait s'arrêter à l'abreuvoir, derrière la ferme de Jean Petit, car le moteur avait chauffé. Jean-Baptiste prenait un chiffon et, tout doucement, il dévissait le bouchon du radiateur. Ah, là là ! Ça giclait, il fallait voir comme ! Une grande colonne de vapeur blanche. J'avais toujours peur qu'il aille se brûler. Mais il faisait attention. On attendait un peu, et puis il prenait l'arrosoir dans le coffre et remettait de l'eau fraîche dans le radiateur, qui faisait des bruits épouvantables. Il rebouchait, donnait quelques coups de manivelle pour redémarrer le moteur, et on pouvait arriver bien *plan-plan* à Saint-Maurice, chez Pétrus, pour l'apéritif. On passait un bout d'après-midi, et on repartait pas trop tard, pour ne pas arriver à la nuit. La reine de la route, cette Clément-Bayard ! C'était bien vrai.

Jean-Baptiste n'a jamais voulu en changer. Il l'a gardée jusqu'à la fin. D'ailleurs, c'est un peu à cause d'elle qu'il est mort, le pauvre. Un soir, on est venu le chercher du Crouzet. Il faisait un temps épouvantable, du froid et de la pluie. Il fallait aller prendre le médecin à Monistrol, parce que la mère Despinasse était malade. Il sort la voiture (il était brave) et le voilà parti. Il a ramené le docteur Ozol, dont la voiture était en panne, je crois, et la mère Despinasse est morte trois jours après. C'était son moment, elle allait sur ses quatre-vingt-cinq. Mon Jean-Baptiste est rentré tout mouillé. Je l'ai bien frictionné et tout et tout, mais il a pris froid. Ça s'est porté à une oreille, et ça n'a pas voulu guérir. Il avait mal. Je lui mettais de l'huile chaude dedans, et il faisait des bains de camomille, mais rien à faire. Alors, il est allé à Firminy, et le docteur Cazenave l'a fait rentrer à l'hôpital pour une mastoïdite, et il voulait l'opérer. Il n'a pas eu le temps. Mon Jean-Baptiste est mort avant. C'étaient les microbes, l'infection. On n'avait pas encore ces médicaments qui guérissent tout, comme aujourd'hui. Tout de même, quel malheur ! Le pauvre, il n'avait que soixante-deux ans. C'était un si brave homme, et un bon mari. Ça, je peux le dire.

IX

JE N'AURAIS PAS CRU que j'allais vivre seule si tôt. Quand ça s'y met, les gens tombent comme des mouches. Mon frère mourut en 38. J'ai dit qu'il était traminot à Terrenoire, à côté de Saint-Étienne. J'allais le voir de temps en temps, ou bien il montait, avec sa femme et sa petite. On avait beau être frère et sœur, on se disputait comme des chiffonniers. Il me disait des horreurs sur les patrons et les proprios, tous des salauds qu'il fallait pendre haut et court. Je crois bien qu'il était un peu communiste. Alors je m'énervais, je lui disais de se taire, qu'il en avait bien besoin, des patrons, pour lui donner du travail. Et il tapait sur la table, et je tapais sur la table, et quand, en colère, je le menaçais d'une paire de gifles, il se levait vivement et me chantait l'*Internationale*. Quel bougre, tout de même ! Il avait bien plus de malice que moi. Il était farceur. Une fois, c'était juste après la guerre, à Montcoudiol, voilà qu'il m'attache une casserole après la queue de mon chien. Cette pauvre bête était toute affolée et galopait dans toute la maison. La casserole tintinnabulait derrière elle, et ça l'excitait encore plus. Et ça faisait un de ces raffuts ! Alors, comme de juste, je me suis mise en colère, en le traitant de tous les noms. Et lui se contentait de rire, et de rire, à ne plus pouvoir s'arrêter. Sacré Romain ! Enfin, il est mort bien jeune, le pauvre. Il avait été gazé à la guerre et il était toujours resté fragile des poumons. Et puis, avec les cheminots, il buvait un petit peu. Mais qui ne buvait pas à cette époque ? Un travailleur de force avait besoin de ses 3 litres par jour, sinon il ne tenait pas le coup. Les pires, c'étaient les mineurs, qui étaient comme mes carriers de Pont-de-Lignon. En effet, il paraît qu'au fond des galeries il fait chaud et que la poussière de charbon vous colle la pépie. Et parmi eux, il y avait beaucoup de Polonais et, à ce qu'il paraît, le Polonais, c'en est un qui a la descente rapide, le gosier en pente quoi ! Enfin, il faut bien de tout pour faire un monde.

Donc mon mari mort, mon frère mort, je restai seule avec ma mère, puisque mes trois petites étaient mariées. Ma Marguerite habitait Lyon, et elle avait trois enfants. Madeleine venait de se marier bouchère à Saint-Maurice, et je me souviens qu'à l'enterrement de son père, elle était enceinte ou venait juste d'accoucher. Pour ce qui est d'Émilie, elle devait se marier quand Jean-Baptiste a passé. On a repoussé le mariage de six mois, comme pour moi, car ça n'aurait pas été convenable. Elle s'est donc mariée en janvier 38.

À quatre-vingts ans, ma mère ne pouvait plus tenir ses chèvres à La Rouvière. J'y avais envoyé bien régulièrement mes petites, ça les sortait un peu d'ici et ça tenait compagnie à la mémé Véron, comme elles l'appelaient. Mon Émilie y était allée trois années de suite, avant de fréquenter. Elle s'y plaisait bien là-bas, à garder les chèvres et, à ce que m'a dit ma mère, à galoper avec Jacques Léotier. Alors ça, c'est curieux, hein ! Elle ne sait pas que je le sais, elle ne s'en est jamais vantée, et je ne le lui ai jamais dit. Au lieu de garder les chèvres, elle partait avec Jacques Léotier, un fils de Julien, qui m'avait fait danser à Largentière, au siècle précédent. Il avait une grosse moto, une 500 Gnome et Rhône, paraît-il, un engin qui pétaradait, et il lui faisait faire le tour par Vinezac, Uzer et Largentière, sur des routes bien vireuses et des chemins avec plein de nids de poule. Pour avoir un accident ! Sacrée Émilie ! C'était bien une sacrée gamine ! Elle a eu de la chance que ma mère ne me l'ait pas dit tout de suite, parce qu'elle aurait ramassé une brave paire de gifles. Enfin, la voilà mariée, à Monistrol, qui fait la marchande de vins, et avec le fils d'Eugène Berger, qui venait danser à Confolent, chez mon oncle Douplat, avec ses frères Matthieu et François. Voilà comme le monde est petit. Si on m'avait dit qu'il arriverait tout ça quand j'avais quinze ans, je ne l'aurais pas cru ! On ne s'imagine pas quand on est jeune.

Pour revenir à ma mère, elle ne pouvait plus se débrouiller toute seule. La mort de Romain lui avait donné un coup, et elle avait peur de retourner à La Rouvière. Alors je lui ai dit de s'installer ici. Ce n'est pas la place qui manque. Elle n'était pas bien gênante, la pauvre. Ce n'était plus la femme que j'avais connue, petite. Fini de faire valser les gens et les bêtes, elle était toute douce. Elle s'était ratatinée, elle était toute courbée en deux. Elle avait pris des rides et des rhumatismes, et une petite voix chevrotante. Elle savait encore s'habiller toute seule, mais il fallait que je lui dise de venir déjeuner, de manger, de m'aider à plier le linge. Elle était un peu perdue, et je me suis demandé, après coup, comment elle avait survécu, les dernières années, dans sa maison de La Rouvière. Les voisins avaient dû l'aider, probable. Elle savait encore faire la soupe, et longtemps, c'est elle qui s'est chargée de peler pommes de terre, poireaux et carottes.

Après 38, on est donc restées toutes les deux. On n'était pas mal. Moi, j'étais à la retraite quasiment, on ne dépensait guère. Elle m'accompagnait au jardin où je faisais mes légumes. J'avais des fruits. Je tuais un cochon qu'on partageait avec Jean Mogier. Il faut dire que Drevet n'avait pas pris la Réserve, ni Vergnoux non plus. Alors un fils et une fille du père Menet, mon ancien fermier, Jean et Francine, étaient restés là. Ils tenaient trois vaches. Lui travaillait à la papeterie du Crouzet. Ils sont restés longtemps, ça me faisait de la compagnie. Eux deux étaient du brave monde, au moins. Le dimanche, j'allais à la messe à la Séauve, par les Palettes et le Boucher. Ça me prenait une heure, à travers bois et champs. Ça me promenait. Je pensais en marchant à ma vie, à tout ce que j'avais vécu. Parfois, je récitais des chapelets, comme ma grand-mère. Oh ! Je n'étais pas devenue bigote, non. Mais en vieillissant, on prend des idées, et puis la mort de Jean-Baptiste… En été, les prend-l'air m'emmenaient en voiture. Autrement, je m'occupais de mes fermes, de mon terrain de Lyon, de ma maison de Villeurbanne, de mes poules et de mes lapins.

Ce chemin de la Séauve, je l'ai bien arpenté souvent. Et il y a un endroit qui m'a toujours attirée et fait peur en même temps. C'est après le Boucher, quand on longe la rivière. On passe sous un petit portique. C'est curieux. Le chemin traverse une maison, une fabrique et, sur le mur, à main gauche, on peut voir l'heure sur un cadran solaire, quand il fait soleil, naturellement. À cet endroit, le chemin est large et bien empierré, pas comme le mien, au petit bois, où la pluie me ravine tout, dans la descente, qu'il faut que je le refasse chaque année. Donc on passe sous cette maison, avec une fenêtre qui donne de chaque côté, pour surveiller l'entrée et la sortie de la fabrique sans doute. Après, on suit la Semène, c'est le nom de la rivière. Et on arrive à une petite levée de pierres qui commande l'entrée du bief dont l'eau fait tourner la roue à aubes. Et je m'arrêtais parfois à cet endroit. L'eau est noire et profonde, il n'y a plus de courant. C'est froid et en plein nord, et le versant d'en face porte des petits pins vert sombre, bien serrés. Je m'asseyais sur un rocher plat, et je regardais l'eau. Ce serait un bon moyen de ne plus avoir de soucis, je me disais. Je me reposais deux, trois minutes, mais je n'étais pas bien à l'aise. Ça m'attirait. C'était sinistre, cette eau noire. Aussi, je ne restais jamais trop longtemps. Je reprenais mon sac à main et en avant jusqu'à la Séauve. C'est curieux, je n'ai presque jamais rencontré personne, quand j'étais assise sur ce rocher. Bien plus tard, quand mes petits-enfants ont eu grandi, ils appelaient cet endroit le coin de la pause. Je ne me souviens plus qui avait trouvé ce nom, Loulou, Marcel, Henri ou ce pauvre Pierrot.

En tout cas, c'est un dimanche soir que ma mère a passé, en 1943. Elle allait sur ses quatre-vingt-neuf, et elle était devenue un peu radoteuse. Je ne pouvais plus la laisser longtemps seule. Ça faisait huit jours qu'elle ne se levait plus. J'avais fait venir le docteur. Il avait mis longtemps, avec son gazogène. C'étaient les restrictions, l'occupation, quoi. Il m'avait dit : « Madame Blachon, votre mère est bien vieille. Tant que le cœur bat… Mais les reins sont bloqués. Essayez de la faire uriner le plus possible. » Elle ne prenait que du bouillon de poireau. Par moments, je me demandais si elle me reconnaissait bien. Alors, ce dimanche soir, je lui ai demandé si elle voulait « tomber de l'eau ». Elle a bredouillé un peu. Je l'ai levée. Elle ne pesait pas bien lourd. Et puis je l'ai recouchée et je me suis mise au lit. Elle dormait dans ma chambre, bien sûr. Je me suis réveillée vers cinq heures, je n'ai pas entendu sa respiration. Je l'ai appelée. Elle n'a pas répondu. Alors j'ai allumé. On avait l'électricité depuis 1938 et la campagne d'électrification lancée par la Compagnie Loire et Centre. « Les vautours de l'électricité », comme disait le pauvre Philibert Besson, qui avait battu Augustin Michel aux élections d'arrondissement, ou si c'était un autre, je ne me souviens pas. J'ai donc allumé. Elle avait la bouche ouverte et elle ne bougeait plus. Ses yeux étaient fixes. J'ai pris son pouls, le bras était froid. J'ai fermé ses paupières, je m'y suis reprise à trois fois, et j'ai dû lui attacher la mâchoire avec son mouchoir, pour qu'elle ne tombe pas. Et puis, tant qu'à faire, puisque j'étais réveillée, je me suis habillée, et j'ai fait chauffer de l'eau, et je l'ai nettoyée, et je lui ai mis sa jolie robe noire et son petit bonnet en dentelle bien propre. Elle avait la mine bien reposée, tout à coup. Pauvre maman ! Elle ne s'est pas sentie partir. J'aimerais bien m'en aller de cette manière, dans mon sommeil. Enfin, on ne choisit pas.

C'est un peu avant que Pétain était revenu. Avant encore, il y avait eu les Allemands, ces saligauds de Boches, qui nous avaient envahis. Ils avaient commis plein d'horreurs en 14, et voilà qu'ils recommençaient. Quelle engeance ! Les gens *s'en sont vu*, hein, avec les restrictions, les tickets et tout et tout. À la campagne, c'était plus facile. On avait les jardins, les légumes, les arbres fruitiers. On élevait des poules et des lapins et des cochons. Pour le chauffage, il y avait du bois pas loin. Mes trois filles n'ont pas eu faim. Elles se sont bien entraidées, il faut le dire. Mais c'est celle de Lyon qui a eu le plus de mal, parce qu'en ville, ça n'allait pas tout seul. Et ses petits étaient grands. Alors il fallait qu'ils mangent. Tous les mois, parfois plus souvent, son mari venait en train jusqu'à Confolent, et il montait à Saint-Maurice, avec deux grosses valises. Là, près de l'église, ma deuxième était bouchère. Son mari avait préparé tout ce qu'il fallait, et l'autre ramenait la viande à Lyon.

C'était du marché noir, c'était interdit, on pouvait aller en prison. Un jour donc que Gustave retournait à Lyon, avec un demi-cochon découpé, enveloppé dans des torchons, il met ses deux valises dans les filets porte-bagages. Comme le trajet durait longtemps, il s'endort. Les banquettes de bois n'étaient pas très confortables, mais comme la machine n'allait pas bien vite, ça vous berçait un peu. Tout à coup, un cahot, le train s'arrête. Ça vibre, ça grince de partout. Il est projeté en avant, sur le voyageur d'en face. Il se réveille, il s'excuse : les deux hommes en face de lui sont deux gendarmes. Nom d'un chien ! Il regarde ses valises. Une a bougé. Il la remet en place par-dessus la tête des gendarmes qui le regardent. Sur le coin de la première valise, il voit un petit bout de torchon qui dépasse. Et le torchon blanc est taché de rose. Il essaie de le faire rentrer doucement, mais il faudrait ouvrir la valise et le porc frais, ça sent, et le saucisson et les jambonnettes, parce qu'il ramenait tout ça aussi. Il se rassoit en passant son mouchoir sur son crâne. Il n'avait plus beaucoup de cheveux déjà. Quand il nous racontait ça, il nous disait qu'il avait eu chaud. Je le crois. En regardant par la fenêtre du wagon, il a vu qu'ils étaient en rase campagne. Les gendarmes avaient dû monter à Bas-Monistrol ou à Aurec, pendant qu'il dormait. Le train est reparti, et les deux pandores sont descendus à Saint-Étienne, au Clapier, sans rien dire. Va savoir s'ils se sont doutés de quelque chose ! Il y en avait des braves sur le tas, il y avait des vraies bourriques aussi.

Ah le train ! C'était quelque chose ! D'autant plus qu'à cette époque, il y avait pénurie d'essence. Tout passait par le train. Il fallait voir dans les gares, il y avait du monde : les passagers, les marchandises, les employés. Ah ça rigolait ! Aujourd'hui, avec toutes ces voitures et ces camions, on peut le dire, la route a tué le rail. Autrefois, sur les routes, on ne voyait personne. D'abord, elles n'étaient pas goudronnées, et pas toujours bien entretenues. Quand on montait à Saint-Maurice, avec Jean-Baptiste et la Clément-Bayard, parfois on ne rencontrait pas une seule auto, juste une ou deux carrioles et des piétons qui marchaient.

Un jour, une carriole s'est arrêtée devant le Canou Bardel, allongé en plein milieu de la descente de Pêche-Gouillat. Il s'était endormi, après avoir compté ses sous. Il s'était assis sur le chemin et avait fait deux tas : un de billets et un de pièces. Puis il avait tout rentré dans son gilet et s'était endormi, sans se préoccuper de la circulation. Il faut dire qu'il n'y en avait point, de la circulation. Il revenait de la foire de Monistrol où il avait bu. C'était un sacré « soiffard », lui aussi. Les canons ne lui avaient jamais fait peur. Sa mère, la Mariette, disait de sa petite voix pointue : « Mon Canou, il ne risque pas d'attraper la pépie. » Sûr qu'il ne risquait pas avec tout ce qu'il descendait.

Eh bien ! Il a passé deux ou trois heures assis en plein milieu de la route. Personne ne l'a dérangé. Aujourd'hui, il ne pourrait pas même traverser, tellement ça roule. Là où c'est rigolo, c'est que ce sacré Canou, c'est un autre « soiffard » qui l'a ramassé et ramené chez lui. Enfin, c'est le cheval qui les a ramenés tous deux. C'est le cheval qui s'était arrêté devant le corps du Canou, pour éviter de l'écraser, parce que le conducteur, le Christophe Fayard, était saoul comme une grive, lui aussi. Il y a un bon Dieu pour les ivrognes !

Ce Fayard, un grand bougre, maigre comme un clou, avec une grande moustache en croc, on l'appelait le Christ. Il était un peu *foutralas*. Quand il circulait à Monistrol et qu'il avait bu un coup de trop, il aimait bien faire le faraud devant le monde. Alors, il se plantait tout droit, debout sur le banc de sa charrette, et il faisait claquer le fouet, pour emballer son cheval. Et il gueulait : « C'est moi, le Christ ! » Et tra, et tra, devant le Prévescal, jusqu'à la place du Collège, ce cheval au grand galop, les oreilles dressées, et les roues ferrées de la charrette qui claquaient sur les pavés, et l'autre grand flandrin, debout, accroché aux rênes, qui menait un train d'enfer !

« C'est moi, le Christ ! » Il fallait se garer en vitesse. Sacrée *tête de merluche, figure d'anchois*, comme disait ma mère ! Je ne sais pas comment il a fini, ce Christophe, peut-être bien au fond d'un fossé !

Oui, tout de même, pendant la guerre, heureusement qu'on a eu Pétain. Mon Jean-Baptiste me le disait. Le maréchal, c'était le seul qui avait de la reconnaissance pour les anciens combattants. Ça, c'était un homme, et tout le monde le respectait. Il a fallu ce de Gaulle pour l'emprisonner. Tout de même, qui c'était ce de Gaulle ? Un moins que rien qui était parti se planquer en Angleterre. D'ailleurs les Anglais, ce n'est pas du brave monde. Ils nous ont fait des misères dans nos colonies, en Afrique et tout. Je ne les aime guère plus que les Allemands. Jean-Baptiste me disait qu'ils buvaient, en 14, que c'en était affreux. De la bière noire ! En permission, ils étaient réputés pour ça. Comme des trous ! Tandis que Pétain, quand même, à Verdun, s'il n'y avait pas été ! Hein ! Et puis, en 40, on est allé le chercher. Lui, il était à la retraite, bien tranquille. Il ne demandait rien à personne. Alors, pourquoi on l'a condamné, pourquoi on l'a mis en prison ? Tout ça, c'est encore des histoires politiques, on ne me l'enlèvera pas de l'idée. Il avait bien su arrêter les Boches à Verdun, il aurait bien su les faire partir en 40. Mais on ne lui a pas fait confiance. Il a été trahi, c'est sûr !

Enfin il ne faut pas se plaindre de trop. On aurait pu être bien plus malheureux. Personne de ma famille n'a été tué ou ennuyé. Et puis il y a eu la Libération. Les Allemands sont partis. Ici, il faut le dire, on n'en a point vu. Il paraît qu'il en est passé sur la route du Puy, en 43 ou 44. Ils allaient tuer des résistants vers le mont Mouchet, vers un pays qui s'appelle Ruines, dans le Cantal, à ce qu'on m'a dit. C'étaient des jeunes qui avaient refusé le travail obligatoire. Si ce n'est pas malheureux, tout de même ! Refuser le travail ! Et pour mourir si jeunes ! Et leurs parents qui restent sans personne ! Tuer des pauvres gosses, ce n'est pas humain ! Tout ça, on ne le savait pas. Je l'ai appris plus tard, par mes filles ou par mes estivants.

Justement, une sœur de monsieur Colas avait épousé un certain Robert je ne sais plus comment, je ne sais plus son nom. Il était chef de la Résistance, dans le Cantal. En 1945, il n'était pas du même bord que son beau-frère et sa belle-sœur. Mes estivants étaient comme moi, tout à fait pour le maréchal, et même pire. Le docteur Merthail portait l'insigne des Croix de feu. Je n'étais pas d'accord avec lui. Bien sûr qu'il faut de l'ordre, mais tout de même ! Pour moi, un brave homme, c'est quelqu'un qui ne va pas « emmerder » son voisin. Ce n'est pas beaucoup, mais ce n'est déjà pas si mal. Alors, pour en revenir à ce Robert Chose, en 1945 donc, il était résistant et décoré et tout. Avec sa femme et son fils aîné, il est venu voir ses beaux-parents. Je n'y étais pas, bien sûr, mais c'est une bonne qui me l'a raconté. Sa belle-mère, une vraie dame avec chignon bien tiré et ruban de soie noire autour du cou, l'a reçu debout dans la salle à manger. Elle ne l'a pas fait asseoir, et il paraît qu'elle tenait ses mains derrière son dos, pour ne pas avoir à lui serrer les siennes. Elle le prenait pour un assassin. Tout de même, c'était son gendre ! Enfin bon. Alors elle lui demande :

« Eh bien ! Robert, qu'allez-vous faire du maréchal ? » l'air un peu pincé et plein de reproches, bien sûr !

Et l'autre lui répond tout de go :

« Nous le pendrons, Madame, nous le pendrons. »

Ç'aurait été un *petas* bien posé, si ça n'avait pas été à propos du maréchal. Il paraît qu'il est devenu journaliste, ce Robert-là. Il est venu deux ou trois fois à Montcoudiol, après la guerre, avec ses enfants, mais les autres lui battaient un peu froid. Alors, on ne l'a plus revu.

C'est à l'époque de la Libération, le 14 juillet 45 je crois, qu'un des petits de madame Colas a grimpé au sommet d'un des wellingtonias et y a accroché un drapeau. J'avais peur qu'il ne dégringole. Ils sont hauts, ces arbres, ils ont bien au moins deux cents ans. On les voit du sommet de Saint-Didier. La foudre m'en a fendu un, mais avec mon gendre et l'aîné des Drevet, on a réussi à le cercler, à resserrer le tronc. Et il est reparti. C'est bizarre, hein, et vivace. Ah ! si les hommes pouvaient revivre comme les arbres !

En été, je n'avais pas le temps de m'ennuyer. Je gardais mes petits-enfants. Ma Marguerite, dès avant la guerre, m'envoyait ses petits pour leur faire prendre l'air, et ceux de Saint-Maurice, et ceux de Monistrol, quand ils ont été assez grands. J'étais trop âgée pour m'occuper des bébés, et puis, je n'aurais pas eu la patience. Enfin, à Montcoudiol, ça faisait une sacrée tripotée de petits. Une année, je crois que je les ai tous eus, neuf petits-enfants, pas pendant toutes les vacances, mais tout de même pendant un bon bout de temps. Même qu'un des estivants nous a pris en photo, devant le château. Et puis, ça faisait bien. Il y avait les petits de la fille Merthail, madame Colas, et leurs cousins, les enfants de monsieur Jacques, les Delille, les Béraud, les Tilly, les quatre de mademoiselle Catherine, madame Arduin je veux dire. En été, dans ce château, on était bien une cinquantaine. Ah, nom d'un chien, quelle époque ! On n'avait pas le temps de s'ennuyer. Il y avait toujours à faire. Les plus grands avaient monté un filet de tennis devant le perron, et ils se lançaient des balles d'un côté et d'autre. Ils avaient aussi planté un grand mat dans le pré d'en bas, avec un chiffon blanc attaché au bout d'une ficelle, et ils tapaient dedans. Enfin, je n'ai jamais bien compris à quoi tout ça servait. Mais ça les occupait, ça les empêchait de mal faire. Les petits jouaient dans le tas de sable que le gendre de monsieur Béraud avait apporté ou bien grimpaient dans les arbres, ce qui me faisait faire bien du souci. Mais il n'y avait pas moyen de les en empêcher. Aïe de ces arbres ! Quelle affaire !

Et tous les soirs, vers six heures, j'appelais mes petits, et on montait tous désherber un morceau du jardin. Toute seule, je n'y arrivais plus. Le jardin fait plus de 3000 mètres, avec un grand bassin au milieu, pour l'arrosage. Il y a des cassis, des groseilliers, des *ballons*, sur le bord, au-dessus de la réserve, de la vigne en treille contre le mur de côté, des poiriers tout autour, et quatre pruniers au centre. J'y faisais mes pommes de terre, mes poireaux et tous mes légumes. Quand mon Jean-Baptiste a été mort, j'en ai laissé une partie à Drevet, qui y faisait des choux pour ses cochons. Chaque été, j'en laissais un morceau aux prend-l'air, qui y mettaient quelques légumes pour la saison. Comme c'était de la bonne terre, la mauvaise herbe y venait mieux que le reste. Alors, il fallait l'arracher. Il y en avait, de ces saloperies, du *gram,* du chiendent, du liseron, des orties et des ronces. Ça repoussait toujours. Je me souviens qu'un soir les gamins avaient joué à je ne sais quoi, et une petite Merthail avait eu un gage, ou avait donné un gage à un des miens, je ne sais plus très bien. Finalement, vers six heures du soir, quand le soleil est moins chaud, ils sont tous montés au jardin et ont désherbé tout le grand côté du mur, en guise de gage. Ça leur a bien pris jusqu'à huit heures, mais comme ils étaient au moins une douzaine, ça ne leur a guère coûté. Mais quand même, que j'étais contente de ces petits, que c'était du bon travail !

Je m'occupais de l'eau aussi, et c'était une drôle d'affaire. À Montcoudiol, il n'y a jamais eu l'eau de la ville. Les anciens qui n'étaient point sots avaient arrangé la chose comme ça : tout le dessous du petit bois fait comme un cirque en pente vers le château. Et comme c'est la grande terre à blé de la ferme Drevet, les vieux l'ont drainée pour éviter que tout le bas soit marécageux. Tous ces drains descendent vers une petite citerne enterrée dans la terre de Drevet. Et de là partent deux conduits, l'un vers le regard du château qui alimente le *bachas* et le lavoir du Gandillou, et l'autre à travers le jardin qui remplit le bassin d'arrosage, le *bachas* de la Réserve et celui de la ferme Drevet. Tout a toujours très bien marché, car la source drainée dans la grande terre ne s'est jamais tarie. Seulement, de temps en temps, elle se perdait, ou alors un conduit était écrasé par un attelage, et l'eau n'arrivait plus.

« Vous avez là une brave source, Madame Blachon ! » comme me disait Matthieu Berger qui est venu en 1960 ou 1961 avec mon gendre, et qui l'a retrouvée avec son pendule. Il nous a dit de creuser jusqu'à 4 mètres, et qu'elle débitait 12 litres par minute. Eh bien ! Il ne s'était pas trompé. Et puis, il en a trouvé une autre, plus petite, un peu plus loin.

C'était un fameux sourcier ! C'est en creusant qu'on a vu les conduits. Nos anciens ne connaissaient pas le caoutchouc ni la matière plastique, ni les tuyaux en Fibrociment. Alors ils faisaient des conduits en pierres, avec un peu de mortier dans le fond et une simple lauze ou un bout de tuile pour couvrir. Ce n'était guère solide, et un coup de charrue mal placé le crevait en moins de deux. Les bêtes s'y mettaient aussi, et surtout les racines. Une vraie saloperie, ça alors. Le père Menet appelait ça des queues de renard, les grosses racines qui poussaient dans la conduite : il y a de l'air et de l'eau, ça leur suffit. Le problème, c'est qu'elles grossissent, qu'elles bouchent le conduit avant de le faire éclater. Du coup, l'eau s'en va, se perd dans la terre, et au tuyau du *bachas,* plus rien. Il faut trouver alors où le conduit est coupé. Naturellement, il n'y a pas de plan, et le total de conduit doit bien faire 500 mètres. Alors, on part du regard du pré ou de celui du bas de la grande terre, et on creuse en suivant l'eau. C'est une question de chance. Des fois on trouve tout de suite, des fois ça prend huit jours. Heureusement que les deux conduits ne se sont jamais bouchés en même temps ! Quand celui de la Réserve ne coulait plus, les vaches de Drevet venaient boire au château, et quand celui du château ne donnait plus rien, on montait chercher l'eau à la Réserve. Bien sûr, ça se bouchait toujours au pire des moments, en plein été, quand la maison était pleine de monde. Mes estivants de Lyon, tout braves qu'ils soient, n'étaient pas du genre à attraper une pioche ou une pelle. Ils avaient les mains trop blanches. Alors, j'allais chercher mon André Drevet, et comme je lui glissais toujours quelques sous en douce (je payais ses journées directement à sa mère), il venait, et tous les deux, on creusait, et on cherchait, et on tirait les queues de renard, sacrées saloperies, pendant que monsieur Jacques, monsieur Jules, monsieur Béraud et leurs grands enfants nous regardaient suer et nous mettre de la boue jusqu'au ventre. Et les petits venaient voir aussi. Et s'ils avaient pu, ils se seraient mis entre la pioche et la terre. Je criais, je les engueulais ! Il n'y en a pas un, de ces messieurs, qui nous ait donné un coup de main. Ah si ! J'ai menti. Les trois garçons de la fille Merthail, Jean, Bernard, et Bruno surtout, qui avaient à peu près l'âge de mes petits-fils de Lyon, m'ont bien aidée parfois. C'est eux qui ont nettoyé le grand lavoir du Gandillou. C'était pour se baigner. Je revois encore ce pauvre Bruno, dans l'eau jusqu'aux épaules, qui poussait un fagot de bois dans la vase, pour la sortir du bassin. Ah ! Ils en ont eu du mal ! Mais ils y sont arrivés. Et puis, comme c'était à recommencer chaque année et que l'eau est abominablement froide parce que ce bassin est toujours à l'ombre, ils se sont lassés. Ces trois-là étaient bien serviables, et les petites aussi, mais les parents, alors là, pas moyen de leur faire prendre un outil. C'était sans doute l'époque. Les gens du beau monde ne se mélangeaient pas avec les paysans. Ils donnaient des conseils, ça oui, mais mettre la main à la pâte, pas question. Enfin, c'était comme ça ! Qu'est-ce qu'on y aurait pu ?

Je nettoyais aussi le bassin du jardin, mais pas trop souvent, car il a toujours bien fonctionné. Il ne s'est bouché qu'une fois, et c'est mon gendre qui est venu le déboucher, il n'y a pas bien longtemps. Le *bachas* du château en revanche, c'était au moins deux ou trois fois par saison. Les petits jouaient tout le temps autour de l'eau, et leurs jouets tombaient dedans, et ils y flanquaient de la terre et des *gargouilloux*, des têtards, et il y avait tant de choses là-dedans qu'on finissait par ne plus voir le fond. Alors, je le vidais et je sortais la boue et les jouets et tout le tremblement. Sacré nom d'un chien !

Enfin j'étais bien contente. Cette grande maison en hiver, sans personne que moi, c'était sinistre. Alors l'été, quand elle était pleine de la cave au grenier, même si les petits étaient parfois très polissons, ça me plaisait bien. Ils faisaient des fêtes aussi. Pour la nuit du 15 août, ils allumaient un grand feu dans l'allée, entre le portail en fer et le perron, et ça chantait, et ça dansait, et les Drevet venaient sauter le feu en sabots, et ils faisaient des farces et des bêtises. Une fois, les deux *galapiats* de madame Delille avaient imaginé de descendre de leur chambre, au deuxième étage, en se tenant à leurs draps de lit qu'ils avaient attachés. Ah ! Sacré nom ! Quand on a vu l'aîné suspendu entre terre et ciel, on n'a pas osé le gronder, pour qu'il n'ait pas peur. On lui disait d'aller doucement et tout et tout. Moi, l'envie de lui flanquer une bonne raclée m'a tenue longtemps. Enfin, ce n'était pas mon petit, ça ne me regardait pas. Je dois dire que les parents l'ont grondé et puni, mais ils ne l'ont pas touché. Pourtant, une bonne paire de gifles, malgré ses quinze ans, ne lui aurait pas fait de mal. Sans parler des draps, qu'il avait sûrement abîmés !

Et puis, il fallait entretenir mon chemin. Il n'y a pas loin de 2 kilomètres jusqu'à la route, enfin jusqu'au chemin des Sors. Le goudron n'existait pas, à l'époque, du moins pas pour les chemins vicinaux, et la mairie ne voulait rien savoir. L'endroit le plus raviné par les pluies était vers le petit bois, la montée et le virage. Alors je prenais à la journée un petit Drevet, l'André, qui était un peu caboche mais bien vaillant. On empierrait en faisant bien bomber le milieu pour que l'eau s'écoule, et on creusait les fossés. Ça tenait six mois, un an, et le premier orage un peu violent m'emmenait la terre et me mettait les pierres à nu. Il aurait fallu des pavés, comme on en faisait à Pont-de-Lignon, dans les carrières, et les placer bien serrés, bien appuyés les uns contre les autres. Et ce sacré garde de la Séauve, quand il passait, me disait : « Madame Blachon, votre chemin est le mieux entretenu de toute la commune. Je dirai à monsieur le maire que ce n'est pas la peine d'y envoyer le cantonnier. » Ah ! Pour passer de la pommade, c'était un bon celui-là ! J'étais fière de mon chemin, bien sûr, mais j'aurais préféré qu'il m'envoie le cantonnier une semaine. Enfin, il paraît qu'il est goudronné maintenant. Tant mieux ! Ce n'est pas trop tôt ! Au moins comme ça, ce sacré Turpin, le voisin du Bounou, ne pourra plus le labourer. C'était bien une marotte chez cet homme-là ! Il avait une pièce de blé après le petit bois, sur la droite, eh bien ! Chaque automne, il venait me labourer le fossé, et jusqu'à l'assise du chemin. Naturellement il me le *dégravait* tout et, avec les pluies, tout s'effondrait. Tout ça pour quoi ? Hein ! Pour quelques malheureux épis qui poussaient bien mal dans les caillasses. Je ne sais pas. Ou bien c'était le désir de lucre, mais vraiment il n'y avait pas de quoi, ou bien c'était le goût de mal faire. Va savoir ! Sacré Turpin ! Je le lui ai bien dit quatre ou cinq fois, rien à faire ! Chaque année, il recommençait. J'ai été obligée d'écrire à son proprio, un certain Curteux de la Fouillouse, un commerçant je crois, en le menaçant de faire passer le Cadastre. Eh bien ! Il s'est tenu tranquille une année, mon Turpin, et il a recommencé ! C'est quelque chose ! Sacré paysan, va !

Et j'ai vieilli, et mes filles ont commencé à s'inquiéter pour moi, et mon Émilie montait tous les dimanches après-midi avec ses quatre enfants et son mari, dans la traction noire. C'est vrai qu'en hiver j'étais bien seule, et puis, il y a des choses qui vous tuent, mais on ne s'en rend compte que plus tard.

Ça s'est passé en 1950. Pierre était le deuxième fils de ma Marguerite. Qu'il était gentil, ce petit ! Il aimait bien venir à Montcoudiol. Il s'y trouvait bien. Il a passé deux étés avec moi. C'était une tête ! Il ressemblait à Jean-Baptiste, toujours dans les livres. La deuxième année, il préparait son bachot, et comme il avait échoué en juin, il devait travailler pendant les vacances pour se représenter en septembre. Enfin, je ne sais pas trop comment ça se passe tout ça, mais c'est ce qu'il m'avait expliqué. Et il a travaillé, ce petit, il ne levait pas la tête de ses livres. Il s'était installé dans la grande chambre que j'avais gardée au château. Il avait le lit de fer peint en rouge, que j'avais ramené de Confolent, et il se mettait à la petite table devant la fenêtre, et toute la journée à lire et à écrire, ses calculs et tout. J'allais le voir vers midi pour lui dire de venir manger. Je m'arrêtais sur le pas de la porte et je le regardais en souriant.

« Eh bien ! Mon pauvre Pierrot, je lui disais, le repas est prêt. Si tu veux descendre. » Je lui disais aussi qu'il travaillait trop, qu'il fallait qu'il s'arrête un peu, qu'il allait se faire mal à la tête, que ce n'était pas bon pour la cervelle, que mon Jean-Baptiste, à force de lire... Il souriait en plissant un peu les yeux et le nez.

« Mémé, tu sais, il faut absolument que je l'aie, ce bac. Je redouble, il me le faut pour devenir ingénieur. » C'était son idée, devenir ingénieur, comme monsieur Béraud à la Mine, ou monsieur Wexler. Il aurait pu simplement travailler à l'atelier de son père, à Lyon, comme son frère aîné. Mais non, il voulait être ingénieur. Parfois, il essayait de m'expliquer tous ces calculs, ces courbes et ces dessins, mais c'était trop fort pour moi. Moi, je ne suis allée à l'école que jusqu'à treize ans, chez monsieur Bertrand, à La Davalade.

Et les après-midi, il retournait à ses livres et à ses cahiers. Et va que je te travaille ! Si ça n'est pas malheureux, tout de même. Vers quatre ou cinq heures, je lui portais un morceau de chocolat, ou j'allais lui demander s'il voulait quelque chose. « Dis, Pierrot, je lui disais, quand tu auras fini, tu viendras m'aider à arracher l'herbe du jardin. Ça te changera les idées, et puis, ça ne nous prendra pas trop de temps. » Eh bien ! Il ne refusait jamais. Et on montait une heure au jardin, et il m'aidait sans rechigner. Ah, quel brave petit c'était là !

Et puis, je ne sais pas ce qui s'est passé. Il est rentré à Lyon à la fin août et il a commencé à se plaindre de la tête. Il a passé son examen et ça n'a pas marché. Ma Marguerite m'a raconté qu'il avait été interrogé par une femme, qu'elle ne l'avait même pas écouté et qu'elle s'était moquée de ce qu'il avait fait et de son école. Ça l'a démonté complètement, bien sûr ! Alors, comme il avait de plus en plus mal à la tête, sa mère l'a mené à Grange-Blanche, à l'hôpital, et là les docteurs ont bien essayé de l'opérer, mais il est mort le pauvre, et il n'y a rien eu à faire. Il avait vingt ans tout juste. Ma Marguerite n'a fait qu'une bouffée de larmes, mais alors effrayante. Dès que j'ai su cette horreur, je suis vite descendue à Lyon par le train, pour m'occuper de sa maison et la soutenir. Ah ! Elle a pleuré, la pauvre ! Son fils, à vingt ans ! Je ne souhaite pas ça à mon pire ennemi. Pauvre Pierrot ! Quand c'est quelqu'un de plus âgé que soi qui meurt, ça paraît normal, tout est dans l'ordre. Les vieux avant les jeunes quoi ! On prend sa place, petit à petit on vieillit et hop, on s'en va, et derrière soi, les jeunes font pareil. Mais là, moi, j'avais soixante-dix ans, j'étais vieille. J'avais toujours bon pied bon œil, attention, mais enfin, j'étais une mémé. Ma vie était faite. Mon château, mes deux fermes et mes bois, mes trois filles mariées et mes neuf petits-enfants, enfin plus que huit à présent, je n'avais pas à me plaindre. J'avais eu mes peines, comme tout le monde. Mais là, ce petit qui part à vingt ans, ce n'est pas juste, ça ne se peut pas ! Ah ! Cette sacrée bonne femme qui l'a interrogé, c'est elle qui l'a tué ! Le souci qu'il se faisait, ce petit, ça lui aura monté à la tête, et puis voilà. Je repensais à mon Jean-Baptiste, mort treize ans avant, à mon petit Victor, décédé en 1907. Mais comme il n'avait pas vécu longtemps, je n'avais pas eu le temps de m'attacher. Et ma mère, et mon frère Romain, et mon petit Vital, mort à mon retour de Paris, il y avait si longtemps. Et je pleurais, moi aussi, mais pas devant les autres. Il fallait que je soutienne ma Marguerite. Je ne pouvais pas pleurnicher de trop.

Et on est revenu tout de suite à Montcoudiol. En effet, le tombeau de famille des Tournayre est à La Séauve-sur-Semène. On a dit une absoute à la chapelle de l'hôpital et un corbillard automobile l'a emmené. Nous, on a suivi dans la voiture de mon gendre. On n'a pas beaucoup parlé, pendant les deux heures et demie qu'a duré le trajet. J'étais derrière avec ma Marguerite et son plus jeune, Loulou. Gustave, mon gendre, était devant, et c'est son aîné, Daniel, qui conduisait la Celtaquatre. Celui-là, il a toujours aimé les voitures. À La Séauve, l'église était pleine. Il faut dire que les Tournayre y sont bien connus, et moi aussi. Et puis, après la messe, on est monté jusqu'au cimetière. Les hommes juste derrière le corbillard, avec le curé et les enfants de chœur, et les femmes après les hommes. J'avais pris le bras de ma Marguerite, et ma grande Madeleine et mon Émilie nous encadraient. Et on l'a mis en terre, on l'a descendu dans le trou tout noir, pauvre Pierrot ! Mon pauvre petit ! Quand les gens s'en sont allés, il n'est resté que la famille, et mon Émilie a dit les « Miséricorde, ô mon Jésus » d'usage, et puis on est partis, et c'était affreux. Et depuis, tous les soirs, quand je fais ma prière avant de m'endormir, comme ma grand-mère Teston, je dis un *Notre Père* pour le pauvre Pierrot, et j'ai toujours sa photo sur ma table de nuit.

Après ce n'était plus pareil. Plus personne n'a jamais couché dans le lit métallique aux barreaux rouges, quand j'avais tous mes autres petits, en été. Une fois, je me souviens, c'était avant la mort de ce pauvre Pierrot, juste pendant la dernière grossesse de mon Émilie, j'ai gardé mes huit petits-enfants : sept garçons et une fille. Heureusement que mon Émilie m'a fait une seconde fille après. J'en avais donc huit à faire manger. Enfin, les grands se débrouillaient. Les après-midi, c'était la sieste obligatoire pour les petits. Alors, j'y envoyais aussi les grands. Ça me laissait le temps de faire ma vaisselle et de lire le journal que Dupré, le facteur de La Séauve, apportait sur le coup de deux heures. Je lui payais un canon et on blaguait du pays. Une ou deux fois, je suis montée dans la petite chambre où je couchais avec la gamine. Les garçons étaient à côté, dans la grande chambre. J'ai bien vu qu'elle faisait semblant de dormir, la bougresse, et que ça rigolait dur chez les garçons. Quand je me mettais en colère, il paraît qu'on m'entendait crier jusqu'au Crouzet. C'est qu'ils me faisaient des bêtises. J'avais le gros oignon de Jean-Baptiste au-dessus de mon lit, pour l'heure, eh bien ! Ils me l'avançaient d'une heure, ou ils me le retardaient. Sacrés gamins ! Un jour, je ne sais plus lesquels m'ont flanqué des coups de couteau dans un calendrier qui portait la photo du Maréchal, un calendrier que je gardais depuis plus de dix ans, dans ma commode, avec les jumelles militaires de mon mari. Sacré nom d'un chien, je les ai fait mettre à genoux devant le calendrier tout percé, et demander pardon à Pétain. Ah ! ils n'ont pas bronché. Ce pauvre Pétain, qui n'avait rien demandé à personne ! Après, j'ai jeté le calendrier dans le feu, il ne valait plus rien.

Et puis le samedi soir, je lavais la marmaille. Je les faisais aligner tous, sauf les deux grands, et avec ma bassine de fer blanc, je lavais les pieds de tout le monde, et il y en avait bien besoin. Quand j'avais lavé un pied, je le séchais, et il fallait le tenir en l'air pendant que je lavais l'autre. Et le petit de mon Émilie me remettait régulièrement le pied sec et propre dans la bassine. Sacré *matru* ! J'avais beau lui flanquer des calottes, il recommençait à chaque fois. Il faut dire qu'il n'était pas bien grand. Peut-être qu'il n'arrivait pas à tenir sa jambe ! Mais le plus difficile, c'était de laver les cheveux des deux filles. Elles criaient toujours que je leur faisais mal quand je leur frottais la tête avec le savon de Marseille. Mais, nom d'un chien, comment faire, avec deux tignasses aussi longues !

Ça leur pendait jusqu'aux fesses ! Et après, il fallait démêler tout ça et faire des tresses. Heureusement, la grande était dégourdie, et elle se les faisait toute seule et parfois aussi celles de sa petite sœur. Quand ma première petite-fille est née, j'ai été un peu fâchée que sa mère ne lui donne pas mon nom, Antoinette. Néanmoins, j'ai dit que le gros écu d'or de 100 francs serait pour elle, à ma mort. Quand sa deuxième petite est née, pour se rattraper sans doute, mon Émilie l'a appelée Marie-Antoinette. Je ne comprends pas ce qui l'a prise. Moi, je lui avais dit que j'aimais bien Anne-Lise. On a failli se disputer pour ça. Ça n'en valait pas la peine. Enfin, ça me fait encore huit petits enfants, et bien braves avec ça !

Et puis, en 1957, en octobre, je me suis fichée par terre en descendant de la Réserve. Il faut dire que l'année précédente, Francine et Jean Menet avaient quitté. Elle était rentrée à la papeterie, au Crouzet, où lui travaillait déjà. Ils avaient vendu leurs affaires à l'encan. Ça m'avait fait quelque chose. C'étaient de braves gens et ils me tenaient bien compagnie. L'automne suivant donc, je fais mon tour avec ma lampe, et voilà que je me prends le pied dans une racine et je *débaroule* jusque devant le poulailler. Je vais pour me relever, rien à faire. Et ma jambe gauche qui me fait mal, mais mal, que j'en gémis sans pouvoir me retenir. J'essaie de nouveau de me relever, de me mettre au moins à quatre pattes. Je n'y arrive pas.

Et je vois ma lampe électrique qui a roulé jusque dans les ronces, le long du mur, et rien à faire pour la rattraper. Et je me disais : « C'est dommage, les piles vont s'user pour rien du tout. » Alors je me mets à crier après les Drevet : la ferme est mitoyenne. Mais il était autour de huit heures et demie, et comme ils avaient fini de tirer les vaches, ils étaient rentrés et devaient être en train de se coucher. J'essaye quand même. J'appelle : « Drevet, père Drevet, au secours, au secours. » Je me voyais passer toute la nuit seule, et il commençait à faire froid. J'ai eu peur de mourir là.

Mais ça ne devait pas être mon heure. Celui qui m'a sauvée, c'est l'André Drevet. C'était une caboche, mais on s'entendait bien. Il s'était disputé avec son père et battu avec son frère le rouquin. Alors il s'était en allé et, depuis quelque temps, mais je ne le savais pas, il couchait dans le vieux pigeonnier de la Réserve. Ce pigeonnier était une tour, avec des créneaux en briques rouges, et il avait deux parties. Le bas servait de cave à Jean Menet d'abord, puis à moi, à présent, parce que la porte donnait sur la cour de la Réserve. Le haut donnait sur le jardin. Il y avait donc la porte, une fenêtre à trappe, des niches creusées dans le mur pour les mères et un escalier tournant sur son axe, qui permettait de prendre les œufs ou les petits, et de nettoyer un peu. Je ne connais rien de plus sale qu'un pigeon, et ça sent mauvais en plus, et ça n'est pas si bon que ça, même avec des petits pois.

Madame Samuel, en me vendant Montcoudiol, m'avait aussi vendu les pigeons. Je les ai gardés une dizaine d'années. J'en emportais chaque semaine à Firminy où on me les payait bien. Le pigeon est affreusement prolifique. Les femelles n'arrêtent jamais de couver. À peine les petits sont-ils éclos que la mère les laisse pour couver d'autres œufs. On dit des lapins, mais le pigeon c'est encore pire. Remarquez qu'on ne devrait pas se plaindre, puisque ça rapporte, mais c'est un sacré travail. Il y avait donc une trappe à la fenêtre, retenue par une corde, pour permettre aux bestioles de s'envoler, de sortir. Un jour, je ne sais pas ce qui s'est passé, si la corde s'est usée ou si un rat me l'a rongée, toujours est-il que la trappe s'est fermée et que personne ne s'en est rendu compte et que mes pigeons se sont étouffés à l'intérieur. Quand j'ai ouvert la porte, quel spectacle, mon Dieu ! Il y en avait de partout, et des fientes et des plumes et du sang. Certains avaient dû se jeter contre la fenêtre, car deux carreaux étaient cassés, mais ils n'avaient pas pu passer à travers. Ils avaient dû se battre entre eux aussi. Alors avec Jean-Baptiste, on a tout nettoyé, tout jeté à la décharge, près du lavoir, dans un trou creusé par la foudre. On a attrapé les survivants, je les ai zigouillés et vendus et hop, terminé les pigeons ! Je les avais assez vus, ces sales bêtes, je préférais les poules, c'est plus tranquille, et les œufs sont plus gros.

Alors bon, je me trouvais là, par terre, sans pouvoir me relever, et je m'étais mise à crier, mais rien à faire. Et tout à coup, l'André m'a entendue, et il est descendu de son pigeonnier où il dormait sur une botte de paille, et il a appelé. J'ai reconnu sa voix et j'ai répondu.

« Mon pauvre André, me voilà bien *aquigée.* Je me suis flanquée par terre, et je ne peux plus me relever. Ma jambe gauche me fait bien mal. Va appeler ton père ou ta mère, il faudrait prévenir ma fille à Monistrol. » Ce brave petit, il devait avoir dix-huit ou dix-neuf ans à l'époque, a ramassé ma lampe, me l'a remise dans les doigts. Ça m'a fait du bien de retrouver la lumière dans tout ce noir. Et puis il est allé réveiller son père et sa mère et toute la famille est venue. Ils étaient six, trois garçons et trois filles, je crois bien que la grande n'était pas encore mariée. Ils m'ont relevée et portée jusque chez moi, et assise dans mon fauteuil, à la cuisine. Nom d'un chien, que la jambe me faisait mal ! Mais enfin, c'était plus confortable que par terre, au froid et à l'humidité. André et sa sœur aînée sont descendus au Crouzet où se trouvait le téléphone, à la boulangerie. Ce sacré téléphone, c'est rudement pratique ! Au Crouzet, il a fallu réveiller le boulanger. Il devait être dix heures et demie, et l'homme devait se lever à deux heures pour cuire sa fournée, il était donc couché depuis longtemps. Enfin, il se lève, il téléphone et mon gendre et mon Émilie montent avec la Traction, et ils me chargent dans l'auto et ils me descendent à l'hôpital à Firminy. On me passe à la radio et me voilà plâtrée pour deux mois. La jambe n'était pas tout à fait cassée, mais presque. C'était un peu moins grave, mais enfin, je suis restée deux semaines à l'hôpital où mes filles venaient me voir, et j'ai fait ma convalescence à Monistrol et à Lyon.

Mes filles n'ont donc plus voulu que je reste seule en hiver, et je suis allée passer deux mois chez chacune, de Toussaint à Pâques, un peu à Lyon, à Saint-Maurice et à Monistrol. À Lyon, je fais le tour de la place de la Villette et je vais voir mon terrain derrière la maison de ma fille, juste à côté de la gare de la Part-Dieu. Et puis je regarde travailler à l'atelier. À Monistrol, j'ouvre aux clients et je me promène sur le trottoir ou bien je lis le journal près de la fenêtre, je regarde passer les gens. À Saint-Maurice, je donne un coup de main au bistrot, ça me rappelle le bon temps de Confolent. Et puis, parfois, je rencontre une connaissance qui se souvient. Je trouve qu'ils ont tous bien vieilli, même ceux que j'ai connus gamins ou gamines.

Et puis je remonte à Montcoudiol, et c'est chez moi, et je m'y sens bien. Je ne crains pas d'être seule, surtout que je ne le reste pas longtemps. Et puis les Drevet ne sont pas loin. Et comme je me réinstalle après Pâques, mes enfants montent me voir les dimanches après-midi, et puis les estivants arrivent fin juin, et ma Marguerite passe presque tout le mois d'août, et les petits de Monistrol viennent une semaine début septembre, quand leurs parents prennent quelques jours de vacances. Et voilà. La vie s'écoule, le temps passe. Et il y a plein de choses qui changent. Je me souviens des voitures à chevaux. C'est fini maintenant, on n'en voit plus. Il n'y a que des autos partout. On goudronne toutes les routes, le chemin des Sors et même mon chemin aussi. Oui, la route a bien tué le rail. Quand je pense au Pont. Tout passait par le train, le train allait partout. Il paraît qu'il ne va plus à Largentière et que même la ligne de Privas est arrêtée. Ils remplacent les locomotives et les wagons par des autocars, je l'ai lu dans le journal. C'est comme ça, et puis pas plus.

X

QUAND ANTOINETTE A EU QUATRE-VINGTS ANS, elle s'est mise à se perdre et à radoter de plus en plus. Elle a cessé de monter seule dans son château ; ses filles ne voulaient plus. Elle s'est ratatinée. Elle répétait les mêmes histoires, de Montcoudiol, de Pont-de-Lignon surtout, et enfin de La Rouvière. De temps en temps, un petit-fils facétieux ou cruel lui disait : « Alors, mémé, la route a tué le rail ? » Son visage souriait un bref instant, puis son esprit retombait dans la torpeur d'Alzheimer. On disait en enfance, à cette époque. Elle a fini par ne plus reconnaître personne, ni petits-enfants, ni gendres, ni même ses filles. Elle s'est éteinte tranquillement, en 1972, au lendemain du baptême de son douzième arrière-petit-fils. Elle avait voulu être enterrée dans le même caveau que sa mère et que l'oncle et la tante Douplat, à Beauzac, alors que son Jean-Baptiste et son petit Victor reposent en face, de l'autre côté de la Loire, à Saint-Maurice. L'Ardèche de l'enfance a pris le pas sur la Haute-Loire de l'âge mûr.

GLOSSAIRE

Affronté : déformation de effronté.
Aquiger : ennuyer. Être aquigé : être très ennuyé.
Arpète : apprenti.
Bachas : abreuvoir.
Bacon : lard.
Ballons : groseilles à maquereau.
Baronter : remuer, faire remuer.
Bauge : sac en toile de jute, de grande taille.
Béate : religieuse d'un ordre féminin qui assurait une présence catholique dans les campagnes. Sa maison comportait un oratoire.
Bidoche : viande.

Bisengoin : de travers, en biais.
Billon : solide bâton de marche.
Bistrote : femme qui tient un bistrot.
Boseigne, biseigne, biseignette : exprime la pitié, la commisération. Cf : Peuchère dans le Midi.
Butte : tronc d'arbre écorcé.
Caboche : caractère, généralement mauvais.
Caillé : à propos d'un individu : costaud.
Campo : donner campo, c'est donner une journée de vacances.
Capelan : curé.
Carne : mauvaise viande. Se dit d'une vieille vache, d'un mauvais cheval ou d'une personne désagréable.
Carogna : charogne.
Cempote : tonneau de cent litres environ.
Chabisse : navet que l'on fait manger à la personne plus âgée qui reste célibataire dans une famille, alors que son cadet se marie.
Champêtrer : traverser un champ sans précaution, en abîmant la récolte.
Chèvreton : fromage artisanal de chèvre, de petite taille.
Chiquette : dur comme chiquette : très dur.
Chougner : ronchonner.
Classard : se dit de quelqu'un qui est né la même année que vous.
Couvade : réchauffer le ver à soie sous ses jupes ou contre sa poitrine.

Dalènes : petites prunes rouges.
Dauber : laisser s'abîmer un produit périssable.
Débarouler : tomber et rouler par terre ou sur un terrain en pente.
Dégonles : terrains en forte pente.
Degraver : abîmer un chemin en enlevant les pierres qui le tiennent.
Dure-dure : tant que dure-dure : tant que ça peut.
Dzanetta et Dzanmeni : « Jeannette et Jean-Marie montaient en tremblant la côte du Lignon ».
Encabaner : placer les vers à soie dans de petites cabanes de bruyère, pour qu'ils fassent leur cocon.
Énervaté : énervé, excité.
Époques : règles (pour une femme).
Etre bien de chez soi : avoir du bien, de la fortune.
Faysse : espace de terrain plat, aménagé sur une forte pente grâce à un mur de soutènement, où on pratique la culture en terrasse. Cf : Restanque.
Fila ma d'aici : « Fiche-moi le camp d'ici ».
Flotte des pins : petit bois de pins.
Foutralas : personnage un peu fou, marchand d'idées, jean-foutre.
Foutrot : colère, rage.
Fréquenter : se dit d'une fille qui a un fiancé non officiel, valable aussi pour les garçons.
Galapiat : gamin désagréable.
Gargouillou : têtard.
Gingille, Gingillou : trop malin, trop rusé, agaçant.

Gram : mauvaise herbe, comme le chiendent.
Grés : enduit naturel qui protège le fil du cocon.
Laïcain : terme péjoratif pour désigner un partisan de la laïcité.
Macarel : juron occitan : maquereau. Même sens secondaire qu'en français.
Maître : prendre à maître, c'est prendre un jeune garçon comme apprenti, comme arpète, chez les paysans.
Marchon : dans une cave, marchepied pour les tonneaux.
Marion, Mariounetta, t'agrada la flouretta : chanson occitane. « Marion, Mariounette, elle te plaît la fleurette. »
Marcelot : marchand ambulant, colporteur.
Matru : petit, maigrichon.
Merluche : tête de merluche, figure d'anchois : abruti, imbécile.
Mollette de beurre : petite motte de beurre.
Ne pas avoir ses quarts d'aise : ne pas être heureux.
Ni peu ni assez : beaucoup.
Oule : marmite.
Ouaite : exclamation : rien à faire.
Pache : faire la pache : se taper réciproquement dans la main pour indiquer que l'on est d'accord lors d'un achat.
Paire d'atouts : paire de gifles.

Pampille : faire pampille : mener joyeuse vie, faire les quatre cents coups.
Paquet : faire le paquet de quelqu'un, c'est faire le total de ses défauts, lui régler son compte verbalement.
Patin-couffin : et patati et patata, etc.
Penable : pénible.
Perous : poires sauvages.
Petas, petassous : pièce de tissu, chiffons. Un pétas bien posé, c'est une remarque, généralement méchante, qui s'applique parfaitement à quelqu'un et qui lui ferme son caquet.
Pialaus : prunelles (fruits du prunellier).
Plan-plan : tout doucement, sans se presser.
PLM : compagnie de chemin de fer Paris, Lyon, Méditerranée.
Poulit : joli, mignon.
Poutasse : trou où l'on stocke le purin, à la sortie de l'étable.
Pradessous : pré situé en contrebas.
Prend l'air : touriste.
Quassou : le petit dernier dans une famille.
Racler un coup de pied : donner un coup de pied.
Retinton : retour d'un mariage, repas qui réunit quelques personnes le lendemain.
Roule : pas de roule : pas de ruse, pas de mauvaise surprise.
Roulottier : qui aime rouler sa bosse, vagabonder.

S'acagnarder : s'installer chez soi, dans un coin, à son aise.
Saint-frusquin : tout le saint-frusquin : tout le total, tout l'ensemble.
Seille : seau dont on se sert pour traire.
S'en croire : être trop fier, méprisant.
S'en voir : en baver, ne pas avoir une vie facile.
Testa de miaule : tête de mule.
Traversou : pas franc, en-dessous, rusé.
Truffe : pomme de terre.

DANS LA MÊME COLLECTION

Les textes de la collection Terre de Poche nourrissent la mémoire collective à travers l'histoire d'une famille ou d'un village de nos régions, un récit de voyage, un document historique ou une chronique intime. Grâce à ces destins croisés, ces descriptions animées, ces analyses précises, le lecteur voit resurgir à chaque page ses souvenirs de jeunesse, la reconstitution de la vie de ses aïeux, des paysages contrastés : autant de témoignages précieux en ce début de siècle.

1 - *La Bête du Gévaudan*, François Fabre et Jean Richard.
2 - *Voyages avec un âne dans les Cévennes*, Robert Louis Stevenson.
3 - *Le Pain de Lamirand*, Jean Anglade.
4 - *La Burle*, Paul Perrève.
5 - *La Montagne aux sabots*, Georges Rey.
6 - *La Dernière Estive*, Antonin Malroux.
7 - *Clémentine*, Jean-Louis Chantelauze.
8 - *Tintinou, paysan*, Justin Bourgeade.
9 - *Le Pain de cendre*, Paule Valette.
10 - *Le Retour de Rose*, Yveline Gimbert.
11 - *Le Troisième Prétendant*, Jean-Pierre Fournier la Touraille.
12 - *Les Porteurs de terre*, Jean Rosset.
13 - *Les Galoches Rouges*, Paul Perrève.
14 - *La Meule éclatée*, Paule Valette.
15 - *La Tondue*, Marie de Palet.

16 - *Julien, berger des collines*, Julien Ventre.
17 - *Le Secret de Marie*, Jean Chauvigné.
18 - *La Roque-basse,* Claude-Rose Touati.
19 - *Le Refus,* Christian Marcon.
20 - *Les Arbres de mai,* François Cognéras.
21 - *La Tuile à loups,* Jean-Marc Soyez.
22 - *Le Sentier Aride,* Marie de Palet.
23 - *La Petite Fadette,* George Sand.
24 - *La Vallée des forges,* Joseph Gourgaud.
26 - *La Demoiselle du presbytère,* Yvette Frontenac.
27 - *Jacquou le Croquant,* Eugène Le Roy.